JON GORDON

O Ônibus da Energia

SEXTANTE

Título original: *The Energy Bus*

Tradução
Marcelo Mendes

Preparo de originais
Rachel Agavino

Revisão
Luis Américo Costa, Maria Beatriz Branquinho e Sheila Til

Projeto gráfico e diagramação
Ilustrarte Design e Produção Editoral

Ilustração da capa
Roberto Negreiros

Capa
Miriam Lerner

Pré-impressão
ô de casa

Impressão e acabamento
Bartira Gráfica e Editora S/A.

CIP-BRASIL. CATALOGAÇÃO-NA-FONTE
SINDICATO NACIONAL DOS EDITORES DE LIVROS, RJ

G671o Gordon, Jon, 1971-
O ônibus da energia / Jon Gordon [tradução de Marcelo Mendes]. - Rio de Janeiro: Sextante, 2009.

Tradução de: The energy bus
ISBN 978-85-7542-462-9

1. Grupos de trabalho - Administração. 2. Motivação no trabalho. 3. Motivação (Psicologia). I. Título.

09-0694

CDD: 650.1
CDU: 65.011.4

GMT Editores Ltda.
Rua Voluntários da Pátria, 45 - Gr. 1.404 - Botafogo
22270-000 - Rio de Janeiro - RJ
Te.: (21) 2286-9944 — Fax: (21) 2286-9244
E-mail: atendimento@esextante.com.br
www.sextante.com.br

A minha mãe, Nancy Gordon Nicolosi.

Sua força e coragem diante do câncer serão sempre uma inspiração para mim. Amo você do fundo do meu coração.

Sumário

Prefácio

Começo muitas de minhas palestras pedindo às pessoas que se levantem e façam duas coisas. Primeiro, digo para cumprimentarem os outros participantes como se eles não tivessem a menor importância. Passadas as risadinhas iniciais, ouve-se apenas um zumbido enquanto todos andam para lá e para cá, tentando não dar atenção aos outros. Depois, interrompo a atividade e peço que continuem se cumprimentando, mas desta vez como se estivessem entre velhos amigos que não viam há muito tempo. O salão irrompe numa gargalhada e o barulho fica cada vez mais alto enquanto as pessoas riem, se abraçam e conversam.

Quando todos se sentam novamente, pergunto:

– Por que vocês acham que lhes pedi para fazer essas duas coisas?

Diante do silêncio da platéia, digo que a resposta é a energia positiva:

– Para levarmos uma organização ao sucesso, precisamos aprender a trabalhar a energia das pessoas, inclusive a nossa. Em que momento havia mais energia nesta sala: durante a primeira ou a segunda atividade?

Evidentemente todos respondem:

– Na segunda!

– O que fiz para alterar a energia? – pergunto e eu mesmo respondo: – Apenas mudei o foco do pensamento de vocês do negativo para o positivo e a energia ficou 10 vezes maior.

Este é um dos motivos de minha admiração por Jon Gordon e seu livro, *O Ônibus da Energia*. Todas as manhãs podemos fazer uma escolha: vamos pensar de maneira positiva ou negativa? O pensamento positivo nos dá energia.

E, quando chegamos ao trabalho, também temos duas opções: podemos reconhecer as pessoas pelo que elas fazem corretamente ou criticá-las pelo que fazem de errado. Adivinhe qual das duas alternativas dá mais energia às pessoas?

Se quiser dar uma injeção de ânimo na sua família, carreira, equipe ou organização, leia este livro. A energia e os conselhos de Jon Gordon vão saltar das páginas e ajudar você a cultivar a energia positiva em tudo o que faz – e você fará do mundo um lugar melhor.

Obrigado, Jon, por nos encher de energia e nos mostrar o ônibus correto a tomar.

– Ken Blanchard

Co-autor de *O Gerente-Minuto*

e *O Empreendedor-Minuto*

Nota do autor

É interessante olhar para trás e ver como certos acontecimentos nos trouxeram até onde estamos agora. A inspiração para escrever *O Ônibus da Energia* é um bom exemplo disso. Eu estava numa viagem por 28 cidades para promover meu primeiro livro, *Energy Addict: 101 Ways to Energize Your Life* (Viciado em energia: 101 maneiras de energizar sua vida), quando conheci uma motorista no ônibus que tomei para ir da locadora de automóveis em Denver até o aeroporto. Tinha o sorriso mais radiante que já vi e distribuía pérolas de sabedoria capazes de mudar a vida das pessoas. Isso me deixou muito impressionado. Essa motorista personificava a energia positiva sobre a qual eu vinha falando em minha turnê. Escrevi um artigo sobre nosso encontro na newsletter semanal que mantenho na internet, com o título "10 regras para a viagem da sua vida". Recebi diversas mensagens entusiasmadas dizendo que aquela era a melhor newsletter que eu já tinha escrito. Então, certo dia, durante uma caminhada, a idéia e o enredo deste livro me vieram à cabeça. E, quando comecei a escrever, as palavras fluíram de tal forma que não consegui mais parar.

Portanto, é com enorme prazer que convido você a embarcar no Ônibus da Energia para uma viagem curta porém divertida e importante. Espero que você use este livro não só para abastecer de energia positiva sua vida, seu trabalho e sua equipe, mas também para aprender a tirar o máximo proveito de sua jornada. Afinal, o objetivo da vida é manter o espírito jovem, se divertir e chegar ao destino final o mais tarde possível, com um belo sorriso no rosto, sinal de que você realmente aproveitou a viagem.

Também gostaria de registrar meu agradecimento às seguintes pessoas e obras por terem inspirado certas idéias neste livro.

Trechos do livro infantil mencionado na história foram inspirados em Richard Bach, autor de *Ilusões* e *Fernão Capelo Gaivota*, que disse: "A ninguém é dado um desejo sem o poder de realizá-lo."

A fórmula da energia positiva, A + P = R (Acontecimentos + Percepção = Resultados), foi inspirada na que Jack Canfield, autor de *Os princípios do sucesso*, compartilhou comigo.

As informações contidas no "livro da energia" mencionado na história vêm do meu livro *The 10-minute Energy Solution* (A solução da energia em 10 minutos).

A passagem sobre Abraham Lincoln durante a Guerra Civil foi inspirada numa gravação de Jim Collins, autor de *Empresas feitas para vencer*. No entanto, embora Jim Collins também fale sobre a importância de convidarmos as pessoas certas para nosso ônibus, a idéia deste livro é originalmente minha.

Tomei conhecimento da pesquisa que ilustra a regra nº 9, sobre os engenheiros aeronáuticos, por meio de Laurie Beth Jones e seu livro *Jesus, o maior líder que já existiu*.

As pesquisas sobre a energia do coração foram realizadas pelo Institute of HeartMath (www.heartmath.org). O trabalho desse instituto é realmente fenomenal e inovador.

O ônibus de Joy era o 11 porque esse é um número especial para mim.

Muita energia positiva para você.

Jon

Introdução

Energia positiva... esta é uma expressão cada vez mais ouvida nas salas de aula, nos auditórios, nos vestiários e até mesmo nas salas de estar. Talvez por causa da enorme quantidade de novas pesquisas que demonstram que pessoas, comunicações, interações, equipes e culturas de trabalho positivas produzem ótimos resultados. Ou, quem sabe, porque, em um nível mais profundo, nós percebamos que todas as pessoas, carreiras, empresas, organizações, famílias e equipes precisam superar a negatividade, a adversidade e os desafios para definirem a si mesmas e alcançar o sucesso.

Ninguém passa pela vida sem enfrentar algum tipo de dificuldade e, nesses momentos, a solução é a energia positiva – não aquele tipo que envolve gritinhos de "u-hu", embora em algumas ocasiões isso também seja válido. Estou me referindo ao otimismo, ao entusiasmo, ao amor, à firmeza, à confiança, à alegria, à paixão e à vontade de viver, trabalhar e atingir melhores resultados. Falo de formar e liderar equipes bem-sucedidas, de superar as adversidades na vida e no trabalho, de dividir a energia com colaboradores, colegas e clientes, de tirar o melhor de nós mesmos e dos outros, de enfrentar as situações e as pessoas negativas (às quais chamo de vampiros da energia) que ameaçam sabotar nossa saúde, família, equipe e sucesso.

A energia positiva é algo bastante real e no meu trabalho com milhares de organizações, equipes, líderes, profissionais de vendas, professores, atletas, técnicos, pais, mães e até crianças pude testemunhar o extraordinário poder que ela tem. Vi diretores de escola mudarem completamente o rumo de suas instituições ao aumentarem o ânimo dos alunos. Ouvi líderes dizerem como minhas estratégias os ajudaram a promover o sucesso de colaboradores e equipes. Sobreviventes de câncer falaram sobre a importância da atitude positiva no seu restabelecimento. Atletas relataram como conseguiram superar obstáculos para alcançar seus objetivos. Um sem-número de e-mails de executivos diligentes relataram histórias de promoções e vitórias profissionais. Houve até o testemunho de uma mulher que contou que seu filho, Joshua, ao saber do divórcio dos pais, disse que tentaria enfrentar a situação com coragem e otimismo, pois as pessoas positivas têm vidas mais longas, felizes e saudáveis. Joshua se lembrava do que eu tinha dito um ano antes, numa palestra em sua escola sobre a importância da energia. Essa história não só me comoveu, mas também me motivou bastante.

Pessoas como Joshua me inspiram a escrever sobre a energia positiva e a espalhá-la, pois comprovam não só a importância do assunto como também sua eficácia. Espero que você use este livro para cultivar esta energia na sua vida pessoal e profissional e depois divida sua experiência com colegas, clientes, amigos e familiares. Estou certo de que, ao aplicar os conceitos aqui propostos, você será mais feliz, obterá resultados mais satisfatórios, trabalhará melhor com equipes e alcançará o sucesso desejado.

Embora nossa fábula se passe num ambiente empresarial, ela foi escrita para todas as pessoas. Todos nós fazemos parte de uma equipe, cujos membros – sejam nossos colegas de trabalho, esporte, família, igreja ou escola – podem se beneficiar das 10 regras simples e eficazes apresentadas neste livro. Afinal, pessoas e equipes positivas produzem excelentes resultados e o ingrediente fundamental é a energia positiva.

Capítulo 1

Pneu furado

Era segunda-feira, dia que nunca era bom para George. Ele estava de pé na porta da garagem olhando para o carro e balançando a cabeça. Não era nenhuma surpresa. Nos últimos anos, a má sorte o vinha perseguindo como uma nuvenzinha negra pairando sobre ele e hoje não era diferente. O pneu do carro estava completamente vazio e George, prestes a explodir.

– Hoje não! – exclamou ao abrir o porta-malas e constatar que o estepe também estava vazio.

Ouviu a voz de sua mulher na cabeça:

– Você devia consertar isso, George. Qualquer dia desses um pneu vai furar e você vai precisar do estepe.

Por que tinha de estar sempre certa?, pensou. Então se lembrou de seu vizinho Dave e correu para ver se ele já tinha saído. Dave também trabalhava no centro e George esperava poder pegar uma carona com ele.

George tinha uma reunião importante com sua equipe e não podia chegar atrasado. Não naquele dia. Constatando que o vizinho já havia partido, deu um murro no ar. Claro que Dave já tinha ido. Por que ainda estaria em casa? Seria fácil demais.

Com a testa ensopada de suor, George correu de volta para casa, parou diante da garagem e, encarando o celular, tentou se lembrar de alguém do trabalho para quem pudesse ligar. Pense, George, pense.

Logo percebeu que não havia ninguém que pudesse lhe dar uma carona. A única alternativa era sua mulher, a última pessoa a quem ele queria pedir ajuda.

Entrando em casa, George ouviu a costumeira algazarra vindo da cozinha: o cachorro pulando de um lado para outro e a mulher tentando fazer as crianças ficarem quietas e tomarem o café da manhã antes de saírem para a escola. Assim que viram o pai espiando perto da porta, elas se agitaram novamente.

– Oi, papai! – gritaram.

A menina correu e o abraçou pela cintura.

– Eu te amo, papai – disse. George mal prestava atenção à filha.

– Pai, a gente pode jogar um pouco de basquete agora? – berrou o menino.

George era uma espécie de celebridade arredia em sua própria casa. Todos queriam um pedaço dele e tudo o que ele queria era um pouco de silêncio.

– Não – berrou ele de volta. – Não é fim de semana. Papai precisa ir trabalhar. Vocês dois, fiquem quietinhos enquanto converso com a mamãe. Querida, o pneu do carro furou e hoje tenho uma reunião muito importante. Preciso pegar seu carro emprestado – George disse afoito.

– E o estepe? – retrucou ela.

– Você tinha de tocar nesse assunto, claro. Não consertei o estepe.

– Bem, dessa vez não vou poder ajudar você, George. Tenho de deixar as crianças na escola, marquei hora no dentista, preciso levar o cachorro ao veterinário, tenho uma reunião de pais... Quer que eu continue? Você não é o único que tem coisas a fazer. Você age como se fosse a única pessoa importante desta família, mas sou responsável por esta casa e, se eu ficar sem carro hoje, não poderei fazer o *meu* trabalho. – Ela já havia adquirido um talento especial para armar uma bela defesa antes que George pudesse atacar.

– Certo, mas, se eu chegar atrasado a essa reunião, é bem provável que eu fique sem emprego – devolveu ele.

Enquanto o casal continuava discutindo, o cachorrinho de cinco meses resolveu cumprimentar George, pulando e babando nele, até ele decidir puxá-lo pela coleira e trancafiá-lo no canil.

– Por que diabos compramos um cachorro? – perguntou. – Com tudo o que está acontecendo, será que precisamos mesmo de um cachorro?

– Ah, só faltava essa – disse a mulher, diante da filhinha que se desmanchava em lágrimas dizendo:

– O papai não gosta do Sammy.

– Não posso lidar com isso agora – disse George.

– Parece que você não pode lidar com nada em hora nenhuma – argumentou a mulher.

– Será que você não pode me dar uma carona depois de deixar as crianças na escola? Talvez eu chegue a tempo para a reunião.

– Não dá, George. Não ouviu tudo o que tenho para fazer hoje? O trânsito vai estar um inferno no caminho de volta e vou perder o dia. Por que você não vai de ônibus? – sugeriu ela. – O ponto não fica longe daqui.

– Ônibus? Você só pode estar brincando. Não sei nem há quanto tempo não pego um ônibus. Quem anda de ônibus? – George perguntou contrafeito.

– Você – respondeu a mulher secamente. – Pelo menos hoje.

– Muito bem, então – disse George, pegando a pasta e disparando porta afora, para sua caminhada de um quilômetro e meio rumo ao ponto.

O ônibus 11 parou diante de um ofegante George, que resmungava em voz baixa. Estranho, ele pensou. Consegui chegar a tempo. Com minha sorte, achei que fosse perder a condução.

Ao subir, George encarou a motorista, que tinha os olhos mais brilhantes e o sorriso mais largo que ele jamais tinha visto.

– Um bom dia para você, coração – disse ela, animada.

Ele simplesmente resmungou alguma coisa e foi se sentar, perguntando-se o que aquele dia tinha de bom.

Porém, pelo retrovisor, a motorista continuou olhando para George enquanto ele caminhava até o banco.

Ele podia sentir seu olhar. Por que ela está olhando para mim? Paguei a passagem, não paguei?

Vendo no espelho o sorriso escancarado da motorista, ele se perguntou: será que ela nunca pára de sorrir? Por acaso não sabe que hoje é segunda-feira? Quem sorri numa segunda-feira?

– Para onde você está indo? – perguntou ela.

– Eu? – disse George, apontando para si mesmo.

– É, você, coração. Nunca o vi no meu ônibus antes e conheço todo mundo que freqüenta esta linha.

– Para o trabalho – respondeu ele. – Na NRG Company.

– Aquele prédio no centro com a lâmpada gigante em cima?

– Esse mesmo. Nós fabricamos lâmpadas – disse George, desejando ter um jornal atrás do qual pudesse se esconder.

– Então, a que devemos a honra de ter o senhor no nosso ônibus hoje? – indagou a motorista.

– Pneu furado. Detesto andar de ônibus, mas tenho uma reunião com minha equipe e não me restou outra opção.

– Bem, então relaxe e não se preocupe. Você pode não gostar de andar de ônibus, mas vou lhe dizer uma coisa: este não é um ônibus qualquer. É o *meu* ônibus e aposto que você vai gostar da viagem. Aliás, meu nome é Joy. E o seu?

George resmungou seu nome, ansioso para ser deixado em paz. Era um homem de poucas palavras e de pavio curto. Mesmo em seus melhores dias não gostava de bater papo e com certeza não estava disposto a conversar com uma motorista de ônibus que aparentemente havia exagerado na dose de café e que ainda por cima tinha um nome que significava alegria. Típico, pensou. Alegria era algo que certamente estava faltando em sua vida. George não conseguia se lembrar da última vez que se sentira feliz. Aposto que ela não tem preocupação nenhuma, pensou. Só o que precisa fazer é dirigir um ônibus o dia inteiro, sorrir e ser simpática com os passageiros. Ela pode me cobrir de sorrisos e gentilezas, mas não sabe nada a meu respeito. Nem imagina o estresse por que passo todos os dias. Não sabe das responsabilidades que enfrento no trabalho e em casa. Mulher, filhos, chefe, prazos, hipoteca, prestações do carro, uma mãe com câncer. Ela não sabe como estou exausto.

Mas Joy *sabia*. Todos os dias ela os via entrar e sair de seu ônibus, era capaz de identificá-los imediatamente. Eles vinham em todas as formas, idades, cores e tamanhos: homens, mulheres, brancos, negros, chineses, ricos e pobres. No entanto, todos tinham uma aura semelhante que ela identificava assim que os via. Eram apáticos. Faltava-lhes ânimo, como se uma luz tivesse se apagado dentro deles. Ela podia distinguir as pessoas que brilhavam das que emitiam apenas uma luz pálida. Chamava-os de "pilhas-fracas". Andavam feito zumbis, tentando apenas chegar ao fim do dia. Nenhuma determinação, nenhum entusiasmo. Era como se sua energia tivesse sido sugada pela rotina. Ela era capaz de identificar os homens que haviam desistido de seus sonhos, as mulheres que trabalhavam durante o dia e cuidavam da família à noite. Ouvia reclamações o tempo todo. Muita gente estressada, exausta, sobrecarregada de trabalho. Por isso decidiu que seria Embaixadora da Energia e recarregaria todos os passageiros de seu ônibus, que desde então passou a se chamar "Ônibus da Energia". E, se havia alguém precisando disso, esse alguém era George.

– Você sabe que não foi à toa que tomou este ônibus, George – disse ela com firmeza. – Todos sabem.

– Não. Tomei este ônibus porque o pneu do meu carro furou – cuspiu ele de volta.

– Você pode ver as coisas por esse ângulo, mas também pode ampliar seus horizontes. Tudo acontece por um motivo. Não se esqueça disso. As pessoas que conhecemos, os eventos da nossa vida. Todo pneu furado tem sua razão de ser. Você pode optar por ignorar esses motivos ou tentar conhecê-los e aprender alguma coisa. Cada problema nos traz um presente, como já disse meu amigo Richard Bach. Você pode olhar para o problema ou para o presente, a escolha é sua. E é isso que vai determinar se sua vida é uma história de sucesso ou uma grande novela. Apesar de eu adorar novelas, George, não gosto de ver as pessoas da vida real vivendo assim. Só de olhar para você, sei que não fez a escolha certa. Então, escolha melhor, George. *Escolha melhor!*

Nesse instante o ônibus parou e George desceu o mais rápido que pôde. Tinha a impressão de ter sido atropelado por um ônibus e não de ter desembarcado de um. "Escolha melhor", "novela", essas palavras ecoavam em sua cabeça. Esqueça, pensou, dando de ombros. Sua equipe estava à espera e ele detestava se atrasar.

Joy nem sempre era assim tão dura com seus passageiros, jogando a verdade na cara deles dessa forma, mas com os teimosos feito George não havia outro jeito. Eram esses que costumavam ter o maior potencial. Joy sabia disso porque muitos anos antes ela havia sido exatamente igual. Negativa, cansada, para baixo, alheia às coisas. Tinha raiva do mundo e jamais aceitava a ajuda que lhe ofereciam, pois achava que não merecia. É irônico como as pessoas que mais precisam de auxílio quase sempre são as que mais relutam em recebê-lo. Joy costumava se esconder dentro de uma armadura, do mesmo modo que George fazia agora, e às vezes somente a verdade nua e crua era capaz de transpor essa defesa. Supondo que jamais veria George outra vez, ela esperava que suas palavras contundentes surtissem algum efeito.

Capítulo 2

Boas e más notícias

No fim daquele mesmo dia, George esperava na oficina mecânica enquanto o pneu do carro era trocado. O serviço estava demorando mais do que o previsto e, como sempre, George já começava a ficar ansioso e impaciente. Ele detestava esperar, fosse no trânsito, na fila do cinema ou do supermercado. Invariavelmente escolhia a fila errada e, claro, a pessoa à sua frente sempre tinha um produto sem etiqueta de preço, então o gerente tinha de ser chamado, o preço precisava ser averiguado e... bem, você sabe. George tinha a impressão de que o mundo conspirava contra ele. Quanto tempo era preciso para trocar um pneu?, perguntou-se.

Finalmente o mecânico irrompeu animado na sala de espera.

– Tenho uma notícia boa e outra má – disse ele. – A boa é que seu carro não foi destruído e o senhor ainda está vivo.

– Do que você está falando? – berrou George. – É só um pneu furado!

– Bem, essa é outra boa notícia. O pneu furado impediu que o senhor saísse de carro. Enquanto eu trocava o pneu, lembrei de uma notificação do fabricante sobre o modelo do seu carro, então tive uma intuição e resolvi dar uma conferida nos freios. As pastilhas estavam completamente gastas. A qualquer momento o senhor poderia ter sofrido um acidente. Se tivesse batido contra um muro, estaria tão murcho quanto o seu pneu. Tem sorte de ainda estar inteirinho aqui. Esse problema de freio tem sido comum nos carros do modelo e do ano do seu. O senhor deveria ter recebido uma notificação sobre o recall pelo correio.

George lembrava-se de ter recebido uma correspondência do fabricante, mas pensara que era apenas mais uma propaganda com o objetivo de passar a mão em seu dinheiro e a jogara fora.

– A má notícia – continuou o mecânico – é que as peças demoram cerca de duas semanas para chegar da fábrica, então o carro vai ter de ficar aqui. Quando elas chegarem, posso terminar o serviço no mesmo dia.

Perfeito, pensou George, sem sequer prestar atenção às boas notícias que acabara de receber. Só conseguia pensar nas duas semanas que ficaria sem carro e em como voltaria para casa. Apenas mais um aborrecimento na sua vida já tão cheia deles.

Capítulo 3

A longa caminhada de volta

Em vez de ligar para a esposa para ir buscá-lo, George decidiu voltar para casa a pé, o que significava uma caminhada de aproximadamente quatro quilômetros. Ele andaria mais em um dia do que andara em muitos anos, mas àquela altura não estava com a menor vontade de conversar com ninguém, muito menos com sua mulher. O carro na oficina por duas semanas, ele pensou. O que mais poderia dar errado? Ele estava chegando no seu limite. Na noite anterior, a mulher tinha dito que estava infeliz com o casamento deles e que a negatividade de George estava fazendo toda a família sofrer. Dera-lhe um ultimato. Ou ele mudava ou iam se separar. Aquela não era a primeira vez que passavam por uma crise conjugal nem que ela o acusava de ser uma pessoa negativa. Mas agora era para valer e ele não queria perder a mulher que amava. George sabia que ela também gostava dele, mas, conforme ela mesma dissera, não se sentia disposta a continuar vivendo ao lado de alguém que a puxava para baixo, por mais que o amasse.

George prometera mudar, mas pela primeira vez não sabia o que fazer. Tinha a impressão de que sua vida estava saindo dos trilhos e de que não podia fazer nada para evitar isso. Sempre fora capaz de resolver todos os problemas e encarar qualquer desafio, principalmente no casamento, mas agora sentia-se impotente, como se sua vida estivesse sendo conduzida por outra pessoa enquanto ele próprio apenas assistia. Naquela noite, havia suplicado aos céus por auxílio, mas na manhã seguinte acordara com o pneu furado. Bela ajuda, pensou. Apenas mais um problema de que ele não precisava.

George apertou o passo na esperança de chegar em casa a tempo de ler para as crianças. Essa era uma das poucas coisas que ele ainda gostava de fazer – e seus filhos também adoravam. Todas as noites, enquanto o pai trabalhava em casa, eles entravam em seu escritório e diziam que era hora de ele ler um livro e George sempre os atendia. Os filhos eram sua força motriz. Ele amava a família e desejava lhes dar tudo que ele próprio jamais tivera. Tinham uma bela casa. As crianças estudavam numa das melhores escolas do estado e saíam-se muito bem. Ele e a mulher dirigiam carros novos e faziam o que podiam para acompanhar o padrão da vizinhança. No entanto, com essa família vinha uma boa dose de pressão e responsabilidade. As coisas não estavam muito boas no trabalho e a última avaliação que ele recebera o havia deixado bastante preocupado. Sua equipe não ia bem e a produtividade estava baixa. A empresa já havia ameaçado substituí-lo caso ele não desse um jeito naquela situação. Pela primeira vez na vida o emprego de George estava seriamente ameaçado.

Assim, enquanto caminhava, ele pensava na família, no ultimato da mulher, no trabalho. Corria o risco de perder tudo e o problema com o carro foi a gota d'água. Algo de bom tem que acontecer para mim, pensou. As coisas não podem continuar desse jeito ou estarei arruinado.

– Minha vida nunca foi assim! – berrou ele para as alturas. – Já fui um jovem promissor. Todos falavam do meu grande potencial. Eu era uma estrela em ascensão na empresa. Tinha um futuro brilhante pela frente. Eu aproveitava a vida ao máximo e agora nada dá certo para mim. Não agüento mais! – E, olhando para o céu enluarado, gritou: – Por favor, alguém me ajude!

A noite estava silenciosa e George não ouvia nada além da própria respiração. Ele esperava qualquer coisa, uma palavra, um som, um raio.. Não sabia o quê, mas esperava alguma coisa.

Capítulo 4

George acorda

Ao se levantar na manhã seguinte, George sentia-se cansado, ansioso e estressado como sempre. Todos os dias ele se perguntava o que mais podia dar errado, mas sabia que pelo menos naquela manhã ele não teria problemas com o carro.

– Quer que eu leve você para o trabalho? – ofereceu sua esposa. – Estou com tempo.

– Pode deixar – respondeu George. – Vou de ônibus. Não é tão ruim assim. A não ser pela motorista.

– O que tem de errado com ela? – a mulher quis saber.

– É uma longa história – disse ele, enquanto tentava calçar os sapatos para a caminhada até o ponto do ônibus –, outra hora eu conto.

Ele ficou ainda mais irritado ao pensar que encontraria a motorista que o havia insultado. "Escolha melhor." "Novela." As palavras ainda rondavam sua mente. Com quem ela achava que estava falando? Balançando a cabeça, voltou a atenção para os sapatos. Ele jamais conseguiria desatar aqueles cadarços. Estavam amarrados em pelo menos uns 20 nós. Com certeza as crianças haviam brincado no seu armário de novo. George jogou os sapatos contra a parede, deu um longo suspiro e ficou ali, mudo, sentado na beira da cama.

Mais silêncio.

Um minuto depois ele olhou para o espelho sobre a cômoda e, enquanto fitava sua imagem, ouviu a própria consciência dizer: "Era com você que a motorista do ônibus estava falando. É o *seu* casamento que está em crise. É *você* que está prestes a ser despedido, que agora não tem nem um carro para ir trabalhar e não consegue sequer calçar os sapatos. A sua vida virou uma novela."

A constatação o pegou de surpresa. Ele não tinha como discordar de Joy. Ela estava certa. Sua vida e sua carreira haviam atingido o fundo do poço. Até mesmo o chefe, seu maior incentivador, o tinha chamado em seu escritório na véspera para dizer que não podia mais manter aquela situação.

– Não posso mais carregar você nas costas – disse ele.

– Não quero que ninguém me carregue nas costas – George retrucou.

– Mas é isso que venho fazendo. Todo mundo tem perguntado o que aconteceu com você. Digo que não sei, mas que logo, logo você vai dar um jeito nas coisas. Só que agora estão dizendo que, se você não se emendar, nós dois vamos para o olho da rua. Gosto muito de você, George, como um filho, mas não posso deixar que me derrube. Dei um duro danado para chegar até aqui. Tenho filhos na faculdade.

– Vou dar um jeito nas coisas – afirmou George.

– Vamos ver – disse o chefe. – Como meu técnico de futebol na escola costumava dizer, "jogo é para vencer jogando, e não falando". Portanto, espero ver algum tipo de ação muito em breve. Caso contrário, nós dois sabemos o que vai acontecer.

Demitido era uma palavra que George nunca tinha pensado em ouvir. Mas agora ela era dita com muita freqüência na mesma frase que seu próprio nome. Preciso virar a mesa, pensou. Mas como? Não tenho idéia.

Capítulo 5

Um ônibus sem Joy

George finalmente conseguiu calçar os sapatos. Enquanto caminhava até o ponto de ônibus, a imagem da sorridente motorista lhe veio à mente. Talvez ela não fosse tão ruim assim, pensou. Afinal, ela enxergara a verdade direitinho. Mas será que preciso de outra pessoa para dizer como minha vida está ruim? Quer dizer, como se não bastassem minha mulher e meu chefe, agora tenho na minha cola uma motorista de ônibus que eu nunca tinha visto antes. Quem vai ser o próximo a me dizer que sou um fracassado? O carteiro?

Ele chegou ao ponto com bastante antecedência e esperou pelo ônibus 11 já preparado para vê-la ao volante. Porém, quando o ônibus encostou, Joy não estava lá. Em seu lugar havia um homem que nem de longe era tão agradável quanto ela nem tinha o mesmo sorriso.

George ficou imaginando o que teria acontecido. Sentia-se mal por ter sido rude com Joy. Afinal, ela estava apenas tentando ser simpática e não tinha culpa nenhuma se a vida dele estava de cabeça para baixo. Ele entrou e se acomodou no banco. Nenhuma conversa, nenhum sorriso e, sem dúvida, nenhuma energia. Ele se lembrou das reuniões que tivera na véspera com seu chefe e com sua equipe e constatou que algo teria de mudar, e bem rápido. Sentia-se pronto para fazer alguma coisa. Não sabia exatamente o quê, mas estava convencido de que precisava salvar seu emprego, sua família e seu casamento. Decidiu, então, que começaria naquele dia mesmo.

Capítulo 6

As regras

No dia seguinte, George chegou ainda mais cedo ao ponto de ônibus. Sentou-se no banco e pensou no dia anterior, em como tentara causar um impacto e recolocar as coisas no rumo certo, mas, como sempre, uma crise havia levado a outra e ele e sua equipe passaram a maior parte do tempo lidando com conflitos e apagando incêndios em vez de realizar alguma coisa. George pensou nos membros de sua equipe e na parcela de culpa que cada um deles tinha em seu acúmulo de problemas. Achou que deveria despedir todos eles. Sorriu ao pensar nisso, mas logo voltou a si e percebeu que não poderia fazer aquilo. Afinal, era ele quem deixaria a empresa antes de qualquer um. Além disso, não eram más pessoas. Muitas haviam sido contratadas diretamente por ele. Só estavam desnorteadas. É como num casamento em crise, pensou George. Você sabe que as coisas não estão bem, mas não pode apontar uma única causa. George estava tão perdido em seus pensamentos que mal ouviu o ônibus 11 se aproximar. Ao levantar o rosto, viu Joy outra vez ao volante e o sorriso dela o fez sorrir também.

– Olha só quem está aqui! – disse a motorista com entusiasmo. – Como vai, coração? Achei que nunca mais fosse vê-lo de novo.

– Nem eu – George respondeu. – Ontem também fui de ônibus para o trabalho, mas você não estava aqui. Por onde andou?

– Terça-feira é meu dia de folga, coração. Aproveito para cuidar do meu pai doente. Ele já não se lembra de nada. Nem de seu nome, nem do grande xodó de sua vida. Dá para imaginar alguém não se lembrar de *mim?* Não é fácil ver o próprio pai toda semana e ele nem saber quem você é.

– Sinto muito – disse George, arrependido de ter achado que Joy não tinha problemas. Nem sempre as coisas são como parecem.

– Não sinta, coração. Isso faz parte da vida. Todo mundo passa por uma provação. Todos que entram neste ônibus têm seus problemas. Com o casamento, a saúde, a família, o trabalho... Alguns têm todos ao mesmo tempo. A vida é assim e não sou diferente de nenhum dos meus passageiros.

– Mas você é tão alegre e animada – observou George. – Como consegue ser assim?

– Este é o meu jeito. Amo a vida. Amo as pessoas. E me amo também. Como poderia gostar de mim mesma se não gostasse dos outros? Estamos todos conectados. Gosto até das pessoas difíceis de se gostar.

Como eu, pensou George.

– É, como você – disse Joy, lendo o pensamento dele. – Mas então? O que está fazendo no meu ônibus outra vez? Achei que nunca mais o veria depois que você desceu daqui mais rápido que o Carl Lewis nas Olimpíadas de 1984. Para mim é uma grande honra tê-lo aqui não uma, mas duas vezes.

George contou sobre o pneu furado, a oficina mecânica, os freios, o acidente que poderia ter sofrido e as duas semanas que teria de esperar pelo conserto do carro.

– Isso é ótimo, George. Vai ser muito bom tê-lo no meu ônibus por duas semanas. Como eu disse no outro dia, você está aqui por um motivo. Antes eu não sabia qual, mas agora sei.

George não entendeu direito o que ela queria dizer com aquilo, mas ficou curioso.

– Como pode ser ótimo ficar duas semanas sem carro? – perguntou.

– Caramba, você é mesmo um cabeça-dura. Mas vou pegar leve com você. Olhe ali, George, à direita do retrovisor. O que vê?

– Um cartaz – respondeu ele.

– Isso mesmo, um cartaz. E o que está escrito nele?

– Dez regras para a viagem da sua vida.

Abaixo do título havia uma lista de 10 regras que George não conseguia ler direito. Estava sem os óculos e via tudo embaçado. Além disso, o cartaz tinha sido escrito à mão e a letra não era das melhores.

– Muito bem, coração. Todos os meus passageiros de longo prazo aprendem essas 10 regras. Estamos sempre falando delas. E agora vou ensiná-las a você. Estou tão animada! – exclamou Joy. – Preste bem atenção, George. Não é nenhuma coincidência. Temos mais ou menos 10 dias juntos no ônibus e eu tenho 10 regras para lhe ensinar!

George ficou um pouco tenso.

– Já tenho regras suficientes na vida – disse. – No casamento, no trabalho, até no futebol. A última coisa que quero são mais regras.

Joy ficou séria por um instante. Seu sorriso deu lugar a um olhar firme.

– *Você precisa delas* – declarou, encarando George. – Nunca dê as costas para algo que pode mudar sua vida para sempre. Você tem 10 dias e eu tenho 10 regras que vão mudar sua vida. Coisas muito boas surgirão em seu caminho se você estiver aberto a elas. Abra a sua mente, George. Por favor, abra a sua mente. – Voltando a sorrir, ela perguntou: – Então, posso contar com você? – falou com absoluta calma e segurança, deixando claro que não aceitaria um não como resposta.

– Sim – George respondeu, mal acreditando que havia concordado.

E de repente todos no ônibus gritaram animados:

– Sim! Sim! Sim!

George olhou ao seu redor e só então se deu conta de que havia mais passageiros.

– Não se assuste – disse Joy. – Sempre gritamos "sim!" quando um novo passageiro concorda em aprender as regras. Uma coisa nossa. Afinal, este é o Ônibus da Energia. Todo mundo aqui está interessado na energia positiva e é por isso que nossas viagens são tão divertidas. Nada é mais positivo que um sim. Então, está preparado para aprender a regra nº 1? Ainda temos cinco minutos até seu ponto e essa é uma regra bem curtinha.

George concordou com a cabeça, ainda um tanto assustado. As coisas estavam indo depressa demais e ele estava confuso. Por um lado, queria saltar pela janela. Por outro, estava bastante curioso para saber quais eram as 10 regras. O que ele tinha a perder, afinal? Àquela altura, nada.

Capítulo 7

Você é o motorista

– A regra nº 1 é fácil – declarou Joy, olhando para o homem sentado próximo a George. Ele parecia uma mistura de contador muito bem-vestido com cientista maluco e passaria facilmente por filho de Einstein.
– Por favor, Danny, mostre ao George a primeira regra – pediu ela.
Danny abriu uma grande pasta que estava sobre seu colo e retirou um pedaço de papel onde estava escrito:

Regra nº 1

Você é o motorista do seu ônibus.

Joy agradeceu e explicou como Danny havia sido nomeado o guardião das regras.

– Um ano atrás ele era o que chamo de "zumbi corporativo". Andava por aí sem um propósito e sem vida. Podia levar uma martelada na cabeça que nem notaria – comentou ela rindo. – Agora é o guardião das regras e nos ajuda a empurrar este ônibus para a frente – concluiu com orgulho.

Ela deu um longo gole numa garrafa de água e voltou sua atenção para George.

– Lembre-se sempre de que você é o motorista do seu ônibus. Essa é a regra mais importante porque, se você não assumir a responsabilidade pela sua vida, se não assumir o controle do seu ônibus, não pode levá-lo aonde quer. Se você não for o motorista, seguirá sempre o itinerário dos outros.

– Mas e o apoio das outras pessoas? – George perguntou.

– Claro que você pode pedir conselhos e sugestões ao longo do caminho, mas lembre-se de que o ônibus é seu, a viagem é sua. Todos nós andamos nos ônibus dos outros, mas cada um também tem o seu. O problema hoje em dia é que as pessoas acham que não têm nenhum poder sobre o destino de seus próprios ônibus nem sobre a melhor maneira de chegar a esse destino.

George ficou calado, pensativo. Joy então continuou:

– Você sabia que morrem mais pessoas às nove horas da manhã de segunda-feira que em qualquer outro horário? Não é impressionante? – Ele pareceu não entender a relevância daquela informação e ela berrou: – Alô, George! Hoje vou acordar você como se fosse uma xícara de café bem forte! É às nove da manhã de segunda-feira que as pessoas começam a trabalhar – disse de maneira apaixonada. – Pense nisso. Elas preferem morrer a ir para o trabalho. – Os outros passageiros caíram na gargalhada. – Parece engraçado, mas na verdade é muito triste. As pessoas acham que não têm opção, então acabam desistindo. Mas hoje estou aqui para lhe dizer que você tem escolha. Certo, pessoal? – Ela convocou o apoio dos demais. – Você não precisa assistir a tudo passivamente, como fazem os infelizes que se deixam levar pelas circunstâncias. Você pode assumir a direção e optar por criar sua vida. Um pensamento, uma crença, uma ação, uma escolha de cada vez. O ônibus é seu, você é o motorista, é você quem escolhe o caminho e o tipo de viagem que quer fazer. Concorda comigo, coração? – perguntou ela.

– Não sei – George finalmente respondeu. – Tenho a impressão de que, ao longo do tempo, todo mundo e até mesmo a própria vida vão fazendo as escolhas por nós e de uma hora para a outra a vida nem é mais nossa. O governo diz os impostos que tenho de pagar. Meu chefe diz o que tenho de fazer no trabalho. Minha mulher vive me dando ordens em casa. Tenho a sensação de que sou prisioneiro do meu contracheque e das minhas responsabilidades. Então, respondendo à sua pergunta, *não*, realmente acho que não tenho escolha. Na verdade acho que, em vez de viver, vou morrendo um pouco a cada dia. Talvez eu seja mais um desses que morrem às nove da manhã de segunda.

– Nesse caso não existe "talvez" – argumentou Joy. – Se você continuar dando uma de coitadinho, certamente vai fazer parte da estatística. Portanto, George, o que você precisa é assumir a direção e mudar de rumo. Mesmo achando que nunca teve alternativa, se começar agora vai perceber que esse é o maior presente que uma pessoa pode receber da vida. E, assim que assumir o controle, você vai ver que tudo, tudo mesmo, vai começar a mudar. Ninguém pode escolher uma atitude por você, George. Ninguém pode escolher sua energia. Aliás, quero que você me dê um sorriso agora mesmo.

George não mexeu um músculo sequer.

– Vamos lá, coração, não estou *pedindo*. Agora sorria.

Então George sorriu, pois Joy não era uma mulher que ele quisesse ver zangada.

– Está vendo? – continuou ela. – Você escolheu sorrir e só de fazer isso mudou sua energia. Um sorriso muda seus sentimentos e pensamentos, bem como sua maneira de interagir com os outros. A energia que vai usar como combustível durante a viagem é uma escolha inteiramente sua. E, como é o motorista, é você quem deve escolher o destino aonde quer chegar. Como tem o melhor assento e o melhor campo de visão, é você quem decide. É preciso ter visão, George. Vou lhe perguntar uma coisa: por acaso sabe para onde deseja ir?

George se endireitou no banco, olhou pela janela e percebeu que faltava apenas pouco mais de um quilômetro até seu escritório. Não tinha a menor idéia de para onde queria ir. Sabia apenas que não queria estar onde estava agora.

Joy já sabia disso antes mesmo do próprio George. Um homem de visão tem um brilho no olhar e um certo jeito de andar, como se soubesse aonde está indo e por que quer chegar lá. George não tinha nada disso.

– Sei que já estamos quase chegando ao seu ponto – disse Joy –, mas quero que você leia uma coisa antes de descer. O nome Ônibus da Energia foi inspirado nisso.

Da bolsa ao seu lado, ela tirou um livro infantil com a ilustração de um ônibus e as palavras *Ônibus da Energia* na capa.

– É para crianças – disse George, decepcionado, perguntando-se por que ela queria que ele lesse um livro infantil naquele exato momento.

– Eu sei. É por isso que gosto dele. A vida é simples, sabe? Mas nós vamos complicando as coisas e em pouco tempo deixamos de enxergar as verdades mais óbvias. Acontece que as lições simples geralmente são as mais profundas e significativas. Portanto, não torça o nariz para um livro infantil ou para as regras que vou dividir com você, George, porque uma das coisas mais importantes que você vai descobrir é que *quanto mais próximas da verdade, mais simples e poderosas são as lições*. Sim, as regras são simples, mas você verá que são ótimas. Então leia, George, leia.

Sentindo-se um pouco envergonhado, George começou a ler e imediatamente se imaginou em casa, lendo para os filhos.

Este é o seu Ônibus da Energia.
Você é o motorista.
Sabia que você pode levar seu ônibus para onde quiser?
Diga sim três vezes comigo. Sim, sim, sim!
Você pode ir ao cinema, à praia ou para o Pólo Norte.
Basta dizer aonde quer ir e acreditar que vai chegar lá.
Porque toda viagem começa com o desejo de chegar a algum lugar e fazer alguma coisa e, se você tem um desejo, também tem o poder de realizá-lo.

O ônibus parou e Joy virou-se para George.

– Então, para onde você quer ir? Qual é a sua visão? – perguntou enquanto lhe entregava uma folha de papel. – Assim que tiver essa primeira resposta, você vai ver que todas as outras regras farão sentido.

Já no escritório, George sentou-se à mesa e examinou a folha que Joy lhe dera.

No topo havia algumas instruções: *Primeiro, decida o que você quer. Depois pode começar a tornar isso realidade. Não deixe que o mundo crie você. É você que cria seu mundo. Responda às perguntas abaixo e falaremos sobre elas amanhã no ônibus.*

Havia três perguntas e, abaixo de cada uma delas, Joy tinha deixado um espaço para a resposta.

1. A visão que tenho para a minha vida (incluindo minha saúde) é:

2. A visão que tenho para meu trabalho, minha carreira e minha equipe é:

3. A visão que tenho para meu relacionamento e minha família é:

Capítulo 8

Tudo é energia

Quando o ônibus 11 parou no ponto na manhã seguinte, George viu um homem descer, virar-se para trás e berrar:

– Você é louca!

– Sou mesmo! – Joy gritou de volta. – Quando estiver pronto para aprender alguma coisa no meu ônibus, me avise!

– O que foi isso? – perguntou George, acomodando-se no banco de sempre.

– Ele acredita na maior ilusão de todos os tempos – respondeu Joy. – Maior do que a ilusão de que a Terra é plana ou de que o Sol gira em torno dela.

– Ilusão... Do que você está falando?

– Da ilusão de que vivemos num mundo físico – declarou ela com a convicção de uma professora universitária. – Sabe, George, o mundo é feito de energia. Foi Einstein quem nos ensinou isso.

– Lembra? $E = MC^2$ – acrescentou Danny, levantando uma folha de papel.

Joy prosseguiu:

– Einstein nos ensinou que toda matéria é energia. É disso que são feitas todas as coisas físicas que vemos, até mesmo nossos corpos. Portanto, vivemos num universo energético.

Mas ninguém precisa ser um gênio da ciência para compreender isso. Pense na sua própria vida, nas pessoas que o colocam para cima e naquelas que sugam você. Nas comidas que fazem você se sentir bem e nas outras que dão sono. Nos projetos que o deixam motivado e nos que o fazem se sentir exausto. Tudo é uma questão de energia: nossos pensamentos, as palavras que dizemos, a música que ouvimos, as pessoas que nos cercam. Está entendendo, George?

– Estou – respondeu ele, percebendo que não conseguia se lembrar da última vez que algo o deixara motivado no trabalho.

– Quando você assiste a um jogo de futebol ou basquete na televisão – continuou Joy –, sempre ouve os comentaristas falarem da energia do time, de um jogador ou até das torcidas. Quem já esteve num estádio já sentiu a vibração que vem das arquibancadas. É como se houvesse eletricidade no ar. Os técnicos estão sempre falando de como sua equipe está jogando na mesma freqüência ou fora de sintonia. Também dizem coisas como "Hoje estamos jogando com muita energia". Tudo tem a ver com energia, George. Por acaso você já trabalhou com alguém e a sintonia de vocês era tanta que um sabia de antemão o que o outro ia dizer? Ou ambos diziam a mesma coisa juntos?

– Claro – respondeu George. – Acontece o tempo todo.

– E sua mulher? Ela às vezes não lê sua mente?

– Mais do que devia – disse George com malícia.

– Isso é o poder do pensamento – explicou Joy. – Tudo o que pensamos está carregado de energia. Foi por isso que lhe pedi para escrever sua visão para sua vida, seu trabalho e sua família. Quando identificamos o que queremos e colocamos isso no papel, começamos a canalizar a energia para criar o que desejamos. Afinal, não chegamos a lugar nenhum se não sabemos aonde queremos ir. É como construir uma casa sem um projeto, sem nenhuma imagem de como ela vai ficar depois de pronta. É como se eu dirigisse este ônibus sem ter a menor idéia do meu itinerário. Então, George, não vá me dizer que você não tem uma visão de futuro, que não sabe aonde quer chegar. Espero que tenha escrito tudo no papel que lhe dei.

Capítulo 9

George compartilha sua visão

George de fato tinha uma visão, muitas até, e as havia escrito. Tirou a folha da pasta e disse a Joy que, no começo, achara o exercício difícil, pois há muito tempo ele não pensava sobre o que queria da vida.

– Passo tanto tempo atendendo às exigências dos outros que achei estranho pensar na minha própria vontade – disse. – Mas, assim que comecei a escrever, foi ótimo pensar no que realmente quero para minha vida.

Joy assentiu, transmitindo confiança para George com seus olhos grandes e seu sorriso largo.

– Continue, George. Me conte o que você escreveu.

Ele falou da visão que tinha para sua vida pessoal, de seu passado como astro do hóquei nos tempos da faculdade e de como pretendia recuperar a forma e se livrar de sua enorme barriga. Falou que pensar nessas coisas o tinha feito se lembrar de uma época em que se sentia verdadeiramente feliz, vivo, e que queria voltar a se sentir assim. Disse que desejava ser um pai e um marido melhor.

– Quero que daqui a 20 anos meus filhos se lembrem de mim como uma pessoa feliz, uma influência positiva na vida deles. Não é isso que sou agora, então sei que preciso mudar.

– E com relação a sua mulher? – perguntou Joy. – Como você enxerga seu casamento no futuro?

– Quero que ela continue casada comigo – respondeu George. – Eu nos vejo rindo juntos, como costumávamos fazer, lembrando por que nos apaixonamos um pelo outro.

– Ah, você é tão romântico, George... – Joy brincou. Ela sabia que ele tinha um bom coração. Gostara dele desde o instante em que o vira pela primeira vez. Naquele dia, percebera imediatamente que debaixo daquela nuvem negra havia uma luz querendo brilhar. E agora estava feliz por ver essa luz despontando enquanto ele falava de sua visão para o futuro.

Mas George, que tinha corado com a brincadeira da motorista, não se sentia nem um pouco romântico. Pelo contrário, estava aterrorizado com a possibilidade de perder a mulher e contou isso a Joy, dizendo que esperava que as coisas mudassem.

– Tudo vai melhorar – disse Joy. Mas ele não demonstrava a mesma confiança. – Pode acreditar – acrescentou ela calmamente. – Pode acreditar.

Em seguida, Joy quis conhecer sua visão para o trabalho na NRG Company. George falou que ele e sua equipe de marketing haviam sido encarregados do lançamento de um novo produto, uma lâmpada chamada NRG-2000.

– Se não der certo, estou frito. Vai ser o fim da minha carreira. Portanto, minha visão para o trabalho é conseguir que minha equipe trabalhe em sintonia, se esforçando para criar e realizar uma campanha de sucesso.

– Numa escala de 1 a 10, quanto sua equipe está preparada para este projeto?

– Uns 2, acho – respondeu George. – Estamos desorganizados, desmotivados. É de dar dó.

– Isso não é nada bom, meu chapa – berrou Marty, um rapaz de cabelos louros que vestia camisa pólo e calça de sarja, do fundo do ônibus.

– Isso é péssimo – disse George, desejando que o "chapa" lá de trás simplesmente ficasse quieto.

– Realmente, não é nada bom – Joy concordou. – Mas isso não significa que as coisas não possam mudar. Não é a primeira vez que enfrentamos uma crise no meu ônibus. Marty, por exemplo, já teve de se internar numa clínica de reabilitação. Não foi, Marty? E Danny teve um infarto. O que os fez se levantarem de novo foi o desejo de mudar, a determinação de fazer as coisas acontecerem. Infelizmente, muitas vezes é preciso uma crise para nos fazer mudar. Não sei por quê, mas é assim. Seria ótimo se as pessoas não tivessem de esperar as coisas desmoronarem para começar a pensar na vida e no que querem. *Mas às vezes temos de ver o que não queremos para saber o que de fato queremos.*

Enquanto ela falava, George lembrou-se da mãe que sofria de câncer e das mudanças que ela disse que queria fazer tão logo se recuperasse. E então compreendeu perfeitamente o que Joy estava dizendo.

– Portanto, George, esta é a sua crise, mas também sua oportunidade. Toda dificuldade nos oferece uma oportunidade para crescer e aprender, para refletir e descobrir uma pessoa melhor dentro de nós mesmos, uma pessoa capaz de produzir melhores resultados. Embora você esteja vivendo uma fase difícil, o mais importante de tudo é o que você vai fazer a respeito dela. Pois bem, agora que já sabe aonde quer ir, que já tem um desejo e uma visão de futuro, você está pronto para a regra nº 2.

Capítulo 10

Foco

Danny retirou uma folha de papel onde estava escrita a regra nº 2.

> **Regra nº 2**
>
> Desejo, visão e foco levam seu ônibus na direção certa.

Joy virou-se para trás, olhou para George e disse:

– O segredo está no foco, George. Sem foco, os prédios não são construídos, os quadros não são pintados e a energia se dispersa. Você nos disse o que deseja. Compartilhou sua visão. Agora quero ajudá-lo a transformar essa visão em realidade, e tudo começa com o pensamento.

– E como é que meus pensamentos vão resolver meus problemas no trabalho e no casamento? – perguntou George, cético.

– Como falei, o pensamento é energia – respondeu Joy com firmeza. – Quero que você pense na sua visão por 10 minutos todos os dias e se imagine criando tudo aquilo que escreveu no papel. Sabe, George, existe uma lei da energia.

– Ela se chama lei da atração! – berrou Marty do fundo do ônibus.

– Isso mesmo, a lei da atração – continuou Joy. – Ela diz que quanto mais pensamos em alguma coisa, maior é a possibilidade de essa coisa aparecer na nossa vida. Por exemplo, sempre que você compra um carro novo começa a ver carros iguais por todos os lados.

George assentiu, ciente de que aquilo era verdade.

– Já imaginou qual é a razão disso? – perguntou Joy retoricamente. Antes que George pudesse responder, ela disse: – É porque os pensamentos são ímãs. Nós atraímos tudo aquilo em que nos concentramos. Quando dedicamos nossa energia e atenção a uma coisa, ela vai crescendo, se expandindo e começa a aparecer cada vez com mais freqüência na nossa vida. E a energia que projetamos por meio do pensamento é a mesma energia que recebemos.

– É por isso que muitas vezes, quando pensamos num amigo ou num parente, ele nos liga – Marty gritou de novo.

– O pensamento está carregado de energia – continuou Joy. – Por isso é importante você se concentrar no que quer, e não no que não quer. Você precisa ter foco. Sabe essas pessoas que reclamam de tudo, George? Elas estão sempre focando no que não querem, não têm ou não gostam.

– Claro que sei – respondeu George, reconhecendo-se como uma delas.

– Bem, costumo dizer a essas pessoas que reclamando elas só ganham mais motivos para reclamar. Então chega de queixas e negatividade, o.k.? Não permito nada disso no meu ônibus porque, enquanto se queixa, você não está pensando nem criando aquilo que deseja. Além disso, a negatividade de um passageiro atrapalha a viagem de todos os outros. Quando eu dirigia um ônibus escolar, costumava dizer uma coisa à criançada e agora repito essa mesma coisa para os meus passageiros adultos porque talvez eles precisem ouvi-la mais que as crianças: *Somos campeões, não chorões!*

Nesse instante todos no ônibus caíram na gargalhada, repetindo aos berros:

– Somos campeões, não chorões!

– Portanto – continuou Joy –, quero que você pare de pensar naquilo que não quer e comece a concentrar sua energia naquilo que quer, na sua visão. Certo, George?

– Quanto mais você visualizar uma coisa, mais chances terá de torná-la realidade – disse Marty, aproximando-se pelo corredor para mostrar a George uma pesquisa que encontrara sobre a visualização e os atletas olímpicos. – Todos os atletas fazem isso porque há diversas pesquisas que comprovam que realmente funciona. Por trás de cada medalha de ouro há muitas horas de visualização e concentração no melhor desempenho. Então por que pessoas como nós não usariam essa técnica para criar uma vida fenomenal e obter sucesso?

Marty sabia disso melhor do que ninguém. Nunca tivera sorte até que Joy lhe ensinou a criá-la projetando a energia. Antes era um surfista que brincava de internet, e agora acabara de abrir uma empresa pontocom e seus negócios iam de vento em popa. Hoje só pensava na boa sorte e era isso que recebia.

– Nós vivemos no Paraíso da Energia! – exclamou Joy. – Se você construir uma imagem mental, pensar nela o tempo todo e agir, o sucesso certamente virá.

Aquela conversa estava fazendo George refletir de verdade. Sua vida estava desmoronando e talvez fosse por causa de sua negatividade, como sua esposa lhe dissera tantas vezes.

Pensando em si mesmo no trabalho e em casa, ele percebeu que de fato reclamava muito. Mas será que àquela altura uma mudança nos pensamentos realmente faria alguma diferença? Será que se concentrar na sua visão realmente ajudaria a torná-la realidade? George tinha sido atleta e já ouvira falar sobre o poder da visualização. Mas os esportes eram uma coisa e a vida era outra. Os problemas e a negatividade já vinham se acumulando por um bom tempo até gerar aquela crise. Paraíso da Energia, pois sim, pensou com ceticismo. Seria possível mudar as coisas assim tão facilmente? Ele não tinha nenhum motivo para não tentar. Àquela altura, estava disposto a fazer qualquer coisa para salvar seu casamento e seu emprego. Com o lançamento iminente da NRG-2000 na sexta-feira, sonhar não traria mal nenhum, já que não lhe restava mais nada.

Capítulo 11

O poder da energia positiva

– Tudo bem – disse George. – Estou no meu ônibus, já defini o caminho e minha visão é boa. Mas preciso confessar que não é fácil pensar no que se deseja e ser positivo quando você não tem lá muitos motivos para ser assim e precisa cumprir um monte de tarefas que não quer. Você não conhece os tubarões com que tenho de lidar na empresa. Não faz idéia dos desafios que estou enfrentando. Minha estrada anda cheia de buracos.

– Tem razão, George – Joy respondeu. – Não sei pelo que você está passando. Mas sei que, se quiser mudar a situação, primeiro vai ter de mudar seu jeito de pensar. Se continuar pensando da mesma maneira, receberá o que tem recebido até agora. Também conheço uma fórmula especial que quero ensinar a você. Mostre para ele, Danny.

Danny abriu a pasta e tirou uma ficha de cartolina mais ou menos do tamanho de uma folha de caderno. Enquanto George se perguntava quantas fichas daquela ele tinha, Danny levantou a cartolina onde estava escrito:

A + P = R

– "A" representa os acontecimentos da nossa vida – explicou Danny. – "P" é a percepção que temos desses acontecimentos e "R", os resultados. Não podemos controlar os acontecimentos. Mas podemos controlar nossa percepção sobre eles e é isso, bem como nossa reação às coisas, que determina os resultados.

– O "P" também pode significar positividade – acrescentou Joy. – Essa fórmula explica por que a energia positiva é tão importante. Tudo bem, você tem uma visão e sabe o que quer para a sua vida, mas sempre haverá pessoas que não enxergarão a situação da mesma maneira que você. Sempre haverá buracos e pedras no seu caminho. Coisas acontecem, George, como o seu pneu furado. Mas o que determina tudo é a maneira como escolhemos lidar com esses eventos. Todos nós levamos nossos tombos. O segredo é o que fazemos para nos levantar. Como eu disse antes, George, é preciso fazer as escolhas certas. Energia e pessoas positivas criam excelentes resultados. Claro que o mundo está repleto de negatividade, mas, quando optamos pela positividade, temos mais recursos para lidar com as pessoas e as situações negativas que podem nos tirar do rumo.

Joy fez uma pausa e depois prosseguiu:

– A energia positiva nos ajuda a manter a aceleração do nosso ônibus. Não estou falando daquela falsa energia, de gritinhos e socos no ar, que serve apenas para mascarar nossa negatividade e irritar as outras pessoas. *Não*, estou me referindo a algo verdadeiro. Falo da energia real, que nos ajuda a superar os obstáculos e os desafios e a criar o sucesso. Estou falando de confiança, fé, entusiasmo, determinação, alegria e felicidade. Da energia que inspira e contagia os outros, que nos coloca para cima, e não daquela que nos puxa para baixo. Essa é a verdadeira energia positiva, meu amigo. E isso nos leva à regra nº 3. Mostre a ele, Danny.

Regra nº 3

Abasteça seu ônibus com energia positiva.

– Pense na coisa do seguinte modo – continuou Joy. – Desejo, visão e foco ajudam você a colocar o ônibus no caminho certo, mas você precisa da energia positiva para colocá-lo em movimento e chegar aonde quer. Todos os dias, quando olhamos para a bomba de combustível da vida, podemos escolher entre os dois tipos de energia. A positiva é uma gasolina de alto desempenho, a melhor para a nossa viagem, enquanto a negativa não faz outra coisa além de sujar nosso motor.

– Mas o que eu faço com a minha negatividade? – perguntou George.

– Jogue ali – respondeu Joy, apontando para a lata de lixo. – Jogue-a fora. Livre-se dela. Procure transformá-la. Quando o trabalho se acumular na sua mesa, pense na sorte que é ter um emprego enquanto tanta gente está desempregada. Quando estiver arrancando os cabelos por conta de algum problema, pense na bênção que é ter saúde suficiente para trabalhar. Quando estiver preso num engarrafamento, agradeça por ter um carro enquanto tantas pessoas têm de andar quilômetros só para buscar água potável. Quando a comida do restaurante estiver um horror, pense em quanta gente passa fome no mundo. É como eu disse a meu pai muito tempo atrás, quando ele perdeu o grande amor da vida dele, minha mãe: "Por muitos anos você teve o tipo de amor que muita gente passa a vida inteira procurando e nunca encontra. Isso é uma grande bênção." Há sempre um lado positivo, mesmo nas coisas ruins – acrescentou Joy. – O Sol está sempre brilhando por trás das nuvens pretas.

– Então você está dizendo que preciso abastecer meu ônibus com energia positiva para alcançar o sucesso? – perguntou George.

– Não estou dizendo, George – respondeu ela. – Estou berrando! Descobri que, sempre que deixarmos um espaço vazio, ele será preenchido com negatividade. Então, para que ela nunca encontre espaço para se instalar, é preciso continuar injetando energia positiva. Temos de nos abastecer diariamente com bons pensamentos, cultivar os sentimentos nobres, agir positivamente. A energia positiva é tudo isso. Sem ela, nosso ônibus não anda.

– E minha equipe de trabalho?

– É a mesma coisa – disse Joy. – Você precisa fazer com que eles também tenham foco e energia positiva. Você quer que eles compreendam sua visão e façam parte dela, quer que embarquem no seu ônibus. Tenho algumas outras regrinhas que vão tornar sua equipe um enorme sucesso, mas ainda não estamos prontos para elas. Primeiro vamos encher seu tanque de energia positiva, porque de tanque vazio você não vai ter nada para dividir com seus colaboradores. Só depois de colocar seu ônibus na estrada você poderá convidar as pessoas a embarcarem nele. Um quilômetro de cada vez, coração. Um pensamento, um sentimento e uma ação positiva de cada vez. Muito em breve vamos falar da sua equipe.

Antes que o ônibus chegasse ao ponto de George, Joy pediu a Marty que pegasse um exemplar do "livro da energia" e lesse a historinha do cão positivo. Marty pegou o livro que estava do seu lado e começou a ler:

Um homem vai a um vilarejo procurar pelo sábio e diz:

– Tenho a sensação de que existem dois cães dentro de mim. O primeiro é um animal positivo, amável e gentil. O outro é negativo, feroz e maldoso. Os dois estão sempre brigando. Não sei qual deles vai vencer.

O sábio reflete por um instante e diz:

– Pois eu sei. Vai vencer o que estiver mais bem alimentado. Portanto, alimente o cão positivo.

– Muito obrigada, Marty – Joy agradeceu, fazendo um gesto para ele dar o livro a George.

– Não posso aceitar – disse George. – É seu.

– Não, é seu – disse Marty. – A gente sempre dá este livro de presente aos passageiros. É um presente de energia, cara.

– Isso mesmo – disse Joy. – Ele vai ajudar você a entrar em ação e a alimentar o cão certo, a cultivar a energia de que precisa para ser bem-sucedido. É tudo muito simples. Basta fazer um dos exercícios de 10 minutos sugeridos no final do livro. Escolha qualquer um e faça hoje mesmo. Você vai ver como sua energia vai aumentar.

– Certo – disse George. – Estou pronto para entrar em ação.

Ele desceu do ônibus e já ia entrando no prédio quando ouviu Joy gritar:

– Alimente o cão positivo, George! O cão positivo!

George olhou para trás e ergueu o polegar para Joy, mas logo se deu conta de que estava a caminho de um lugar onde seu futuro não podia ser mais sombrio.

Capítulo 12

George faz uma caminhada

George estava sentado em seu escritório folheando o livro que Marty lhe dera em busca de um exercício que julgasse interessante quando se lembrou de Chuck, um velho amigo que fizera fortuna com o boom da internet. Lembrou-se de sua surpresa ao saber que Chuck e a mulher haviam se divorciado. Deixara-se levar pelas aparências. Chuck dava a impressão de ter tudo: dinheiro, família, uma bela casa, várias empresas correndo atrás dele para que assumisse a presidência. Então George se deu conta de que as coisas nem sempre são o que parecem. Descobriu que, na verdade, Chuck tinha uma série de problemas pessoais que acabaram levando à destruição todas as outras coisas em sua vida. Pensando bem, constatou que nunca tinha visto o amigo feliz.

A lembrança de Chuck fez George perceber mais claramente do que nunca que não queria seguir o mesmo caminho. Provavelmente as pessoas também achavam que ele e a mulher tinham tudo. Ah, se elas soubessem. Manter as aparências não era suficiente. A encenação já não surtia mais nenhum efeito. George queria se sentir bem e abriu um amplo sorriso ao encontrar o exercício "Caminhada da Gratidão". Em um momento estava lendo que era impossível alguém se sentir simultaneamente estressado e grato, e minutos depois já dava voltas em torno do prédio, listando todos os motivos que tinha para agradecer.

Sabia que, se seus colegas o vissem falando sozinho na rua, o chamariam de louco, mas não se importava. Claro que a situação era um pouco engraçada, mas a caminhada o deixava mais animado. Pensar nas bênçãos realmente o fazia se sentir melhor. Segundo o livro, a gratidão alimenta o corpo e o cérebro com emoções positivas e endorfina, uma bela injeção de ânimo quando somada aos efeitos de uma caminhada. Era a mais pura verdade. Quando voltou ao escritório, George sentia-se mais otimista, com mais energia e pronto para encarar o dia de trabalho. Joy tinha razão, ele pensou. Alimentar o cão positivo era um excelente remédio. George tinha um discreto sorriso no rosto ao entrar na sala em que sua equipe o esperava para discutir o lançamento da nova lâmpada.

Capítulo 13

A teoria da melhor tacada

Naquela noite, George assistia à televisão quando, obedecendo a um impulso, pegou sua pasta e de lá tirou o livro que Marty tinha lhe dado. Enquanto o folheava, um capítulo chamou sua atenção. Falava de golfe, um esporte que George adorava mas que raramente tinha tempo para jogar. O trecho falava de como as pessoas, ao fim de uma partida, geralmente não pensam nas muitas tacadas ruins que deram, mas quase sempre se lembram da melhor tacada do dia. Esta lembrança e o prazer que ela produz fazem com que as pessoas queiram jogar novamente e é por isso que tantas acabam se viciando no esporte. O livro fazia então uma comparação com a vida, observando como muitas vezes, quando nos deitamos, pensamos apenas nas coisas que deram errado durante o dia, quando o melhor seria aplicarmos a teoria da melhor tacada e concentrarmos nossa atenção no que deu certo: aquela reunião ou venda extraordinária, aquela conversa ou interação proveitosa, aquele grande sucesso que nos motiva a querer conquistar ainda mais no dia seguinte. Agindo assim, acabamos nos viciando na vida.

Pensando nisso, George ficou inspirado e teve uma idéia. Foi até o quarto das crianças e pediu que elas lhe contassem alguma coisa boa que tinha acontecido naquele dia. Explicou que devia ser algo que dera especialmente certo ou de que elas se orgulhassem. Vendo a alegria dos filhos ao relatar suas histórias de sucesso, George decidiu que aquele seria seu novo ritual de todas as noites.

Depois saiu de casa para passear com o cachorro e pensou em seu próprio sucesso daquele dia. O chefe o havia procurado para dizer: "Você está diferente hoje, George. Seja lá o que estiver fazendo, siga em frente." É impressionante como a energia positiva funciona, ele pensou. As pessoas sempre notam se a temos ou não.

Mais tarde, já deitado, George decidiu dividir a teoria da melhor tacada com sua equipe, pois não havia no mundo outro grupo que precisasse mais aprender a focar o positivo em vez do negativo.

Capítulo 14

Passagens de ônibus

Era sexta-feira, um dia que todo mundo adora. Mas George gostava desta sexta mais do que de qualquer outra. Ele subiu no ônibus 11 como se fosse um novo homem.

– O que houve com você, coração? – perguntou Joy, com o enorme sorriso de sempre.

– Sei lá – respondeu George. – Acho que foi a Caminhada da Gratidão que acabei de fazer até o ponto de ônibus. Ontem no trabalho fiz a mesma coisa e à noite, logo depois do jantar, fiz uma Caminhada do Sucesso. Parece que funciona mesmo.

– Eu lhe disse, George. Não há nada melhor do que alimentar o cão positivo. Mas preste atenção, tenho uma coisa muito importante a lhe dizer. Eu e a turma do ônibus conversamos e decidimos que queremos ajudar você no lançamento da tal lâmpada nova. Agora que você está carregado de energia positiva, já está pronto para dividi-la com sua equipe, o que é ótimo. Afinal, se quiser fazer uma boa campanha de lançamento, vai precisar que eles embarquem nessa viagem com você. Então esta é a regra nº 4. Mostre a ele, Danny.

Danny levantou mais uma de suas fichas:

Regra nº 4

Convide as pessoas a embarcar
em seu ônibus e compartilhe com elas a
visão que você tem do caminho à sua frente.

– Lembre-se de que é você quem está guiando o ônibus – disse Joy. – Mas enquanto dirige vá convidando as pessoas a embarcar. O máximo que vai acontecer é elas recusarem seu convite. Quanto mais gente você apanhar ao longo do caminho, maior será a energia durante a viagem. O objetivo é lotar o ônibus, mas, como se trata de um ônibus da energia, ele está em constante expansão, então sempre cabe mais gente. Agora que sabe disso, George, é importante que você convide os membros da sua equipe a embarcar. Caso contrário, dirigirá o lançamento sozinho, e não vai conseguir fazer isso sem ajuda. Você precisa da sua equipe para que tudo dê certo. Está entendendo?

– Estou, sim – George respondeu, pensando em sua equipe desorganizada. Sabia que não era capaz de tocar um projeto daqueles sozinho e que dependia de um grupo bem estruturado e motivado para obter sucesso. Só não sabia o que fazer para chegar lá. – O que você tem em mente? – perguntou a Joy.

– Uma passagem, George – respondeu ela e em seguida tomou um gole da garrafa de água.

– Quer que eu explique para ele? – perguntou Marty, lá do fundo do ônibus.

– Claro, mas venha aqui para a frente.

Joy explicou que Marty se transformara de tal forma usando as regras do Ônibus da Energia que decidira criar um site na internet, o www.theenergybus.com.

– Você acredita nisso, George? – exclamou Joy. – Graças a Marty, agora estamos levando nossa mensagem para o mundo inteiro!

– É muito empolgante – disse Marty timidamente tomando parte na conversa. – Quando Joy falou sobre a importância de formar equipes com pessoas positivas e dispostas a apoiar nossos projetos, decidi acrescentar ao site um recurso que permite ao usuário mandar uma passagem eletrônica por e-mail ou, como gosto de dizer, um e-ticket, convidando amigos, colegas, chefes, parentes ou quem quer que seja a embarcar em seu ônibus. Também é possível imprimir os bilhetes e fazer os convites pessoalmente, se você preferir.

– Não é fantástico, George? – disse Joy, erguendo o polegar para Marty.

– Ah, eu já ia me esquecendo – acrescentou Marty. – Você também pode anexar ao e-ticket uma mensagem explicando sua visão e seus objetivos. Assim, quando for distribuir os bilhetes, George, você pode escrever alguma coisa como: "Esta é a visão que tenho para nossa equipe e nosso lançamento, é para onde meu ônibus está indo. Gostaria de convidá-los a vir comigo." Sempre fazemos isso na empresa quando temos algum projeto novo. Mando um e-ticket para todos os programadores, convidando-os a embarcar no meu ônibus. É muito divertido, e o mais importante é que funciona.

– É disso que estou falando! – exclamou Joy, mais entusiasmada do que nunca. – Não há maneira melhor de fazer as pessoas subirem no seu ônibus do que dizer a elas aonde você está indo e convidá-las a ir junto. Mas, George, é muito importante que você diga direitinho qual é sua visão. É preciso deixar bem claro como quer que seja o lançamento, explicar que deseja ver o grupo unido, sem disputas internas ou conflitos de vaidade. Diga também que todos devem contribuir individualmente para o bem comum, isto é, para o melhor lançamento de todos os tempos. Se você não comunicar direito o que está vendo no caminho à sua frente, ninguém vai querer acompanhá-lo na viagem.

Em seguida, Joy ajudou George a traçar um plano de ação. Já havia testado esse plano com outros passageiros e sempre tinha funcionado, mesmo antes da criação do site, quando ainda era preciso fazer os bilhetes à mão. Joy sugeriu que ele mandasse ao chefe e aos membros de sua equipe um e-ticket sem mensagem, para deixá-los curiosos. Depois ele se encontraria com cada um deles em particular, explicaria sua visão com todos os detalhes e lhes entregaria um bilhete impresso. Ela disse para ele terminar a conversa dizendo: "Agora você já sabe para onde meu ônibus está indo e o que vejo no caminho à frente. Se estiver disposto a embarcar nessa viagem, escreva seu nome neste bilhete e passe na minha sala para devolvê-lo na segunda-feira às nove horas."

George estava ansioso para colocar o plano em ação. O prazo não poderia ser melhor, pois a apresentação sobre a NRG-2000 estava prevista para a sexta-feira seguinte e na segunda ele saberia com quem poderia contar ou não. Além disso, o fim de semana daria a todos um bom tempo para se prepararem para o grande período que estava por vir. A energia estava mudando, ele pensou.

– Ah, só mais uma coisa – disse Joy antes que George descesse do ônibus. – Mande um e-ticket à sua mulher também. Diga a ela o que você pretende para si mesmo, para o casamento de vocês e para a sua família. Ela precisa saber aonde você está indo, George. Não se esqueça disso.

– Pode deixar – disse George. – Vou fazer isso.

Pela primeira vez ele agradeceu pelo pneu furado de seu carro. Talvez as coisas acontecessem mesmo por um motivo. Talvez a sorte estivesse sorrindo para ele pela primeira vez depois de muito tempo. E, quem sabe, sua vida estivesse prestes a melhorar.

Capítulo 15

Um fim de semana muito longo

Enquanto andava de um lado para outro em seu quarto, George notou sobre a mesinha de cabeceira um exemplar da revista *Time* com Abraham Lincoln na capa. Ele era fascinado pela vida e pelo governo de Lincoln. Admirava-se que aquele homem, que supostamente sofria de depressão, tivesse sido capaz de superar diversas derrotas eleitorais, duas falências, uma crise nervosa e a morte da noiva antes de se tornar presidente dos Estados Unidos. Um aparente fracassado aos 51 anos, ele havia encontrado forças e coragem para unificar o país e mudar o curso da História. George não podia fazer outra coisa senão imaginar a agonia de Lincoln ao se ver obrigado a esperar dias a fio por notícias da Guerra Civil, sem saber se o país que comandava estava às vésperas da unificação ou da destruição.

Agora, enquanto passava um tempo com sua família e fazia algumas tarefas domésticas, George tinha uma pequena amostra do que era ter de esperar até que o destino por fim se revelasse. Sentia as horas se arrastarem enquanto se perguntava quem embarcaria em seu ônibus e quem ficaria de fora. Imaginava se tinha a força e a coragem necessárias para vencer sua pequena guerra no escritório. Não sabia se estava a caminho da vitória ou da derrota. Distribuíra as passagens de ônibus na sexta-feira e ficara bastante satisfeito com o resultado das reuniões, mas a resposta para suas perguntas só viria na segunda. Ele caminhou até sua estante de livros e pegou a biografia de Lincoln de que mais gostava. Passando os olhos pelas páginas, deparou-se com uma citação que lhe renovou o ânimo.

Não busco vencer, mas encontrar minha verdade.
Não busco ser bem-sucedido, mas fazer jus
à luz que trago em mim.

– Abraham Lincoln
16º presidente dos Estados Unidos da América

Capítulo 16

Quem vai embarcar

Finalmente chegou a segunda-feira, mas esta era bem diferente da última. George não estava com medo, e sim nervoso e agitado. Tomara o ônibus mais cedo para chegar ao trabalho a tempo de receber os bilhetes dos novos passageiros. Cumprimentou uma a uma todas as pessoas que passaram em sua sala para entregar seus tickets e confirmar a presença no ônibus. Todos foram sozinhos, exceto Michael, Jamie e José, que agora entravam juntos. George imediatamente percebeu que havia algo errado. Viu que eles estavam nervosos e não traziam seus bilhetes. Aposto que não tiveram coragem de vir sozinhos, por isso resolveram se juntar feito um bando de lobos, George pensou.

– Achamos que seu ônibus vai capotar – disse Michael sem rodeios – e não queremos estar nele quando isso acontecer.

– Nós precisamos deste emprego – disse Jamie, preocupada.

– Nós, quem? – perguntou George.

– Todos nós – responderam eles juntos, olhando uns para os outros.

– Seu ônibus vai explodir – Michael concluiu.

George recebeu aquelas palavras como uma punhalada no coração. Já imaginava que não poderia contar com Michael e Jamie, que sempre criavam problemas. Mas José era uma grande surpresa. Ele sempre tinha trabalhado com vontade. E o mais surpreendente era José ficar de fora quando Larry e Tom, dois dos membros mais problemáticos da equipe, tinham apresentado suas passagens e decidido embarcar.

George não sabia mais o que dizer diante dos três lobos. Estava chocado. Evidentemente já tinha considerado que algumas pessoas ficariam de fora, mas não pensara no que faria quando isso acontecesse e agora se sentia perdido.

– Muito obrigado. – Foi tudo o que conseguiu dizer enquanto os três deixavam a sala. Uma vez sozinho, se deixou cair na cadeira.

Quanto mais pensava em sua dinâmica de grupo, mais desesperado ficava. As duas pessoas que ele tinha certeza que ficariam de fora haviam aceitado seu convite, e o único que seguramente embarcaria tinha lhe dito não.

Nem é preciso dizer que o resto do dia não foi bom. Durante a reunião da equipe, Larry e Tom continuaram a causar problemas, brigando entre si e com as outras pessoas. Reclamavam de tudo e rejeitavam as idéias dos outros sem jamais apresentar qualquer tipo de solução. George tentava fazer com que todos remassem na mesma direção, mas ainda estava muito perturbado pela recusa dos três lobos. Não sabia o que fazer com eles, então simplesmente permitiu que assistissem à reunião passivamente, revirando os olhos e deixando claro para os demais o que estavam achando daquilo tudo.

A energia do grupo estava péssima, assim como George. O lançamento seria dali a quatro dias e seu ônibus estava atolado.

Capítulo 17

O inimigo é a negatividade

Na manhã de terça-feira, George entrou no ônibus sem nenhum ânimo. Sentia-se fracassado e estava sem graça de reencontrar aquelas pessoas que torciam tanto pelo seu sucesso. Joy logo percebeu sua energia e concluiu que as coisas não haviam saído bem no trabalho. Terça-feira era seu dia de folga, quando ela ia visitar o pai, mas tinha pressentido que George precisaria dela e decidira estar no ônibus para lhe dar apoio. Agora, diante do aspecto de George, ficou bastante contente por ter seguido sua intuição. Aquela não era a primeira vez que via a face da derrota. Na verdade, quase todas as pessoas de que se lembrava haviam sofrido algum contratempo enquanto aprendiam a dirigir seus ônibus. Não há viagem sem obstáculos e desafios a serem vencidos. Faz parte da vida. Joy sabia disso muito bem. É como aprender a andar de bicicleta, ela pensou. No início todo mundo leva alguns tombos, mas o importante é montar de novo e insistir, e logo, logo adquirimos a confiança necessária e começamos a andar por aí com a destreza de um campeão. O que ela precisava fazer agora era ajudar George a retomar a direção. E rápido, porque o tempo era curto.

– O que houve, coração? Onde está o George que entrou saltitante no meu ônibus na sexta-feira? – perguntou.

– Foi derrubado por dois diretos de esquerda e um gancho de direita – respondeu ele.

– Bem, então é hora de você se levantar! – exclamou Joy. – A vida sempre nos derruba. O importante é aprender a dar a volta por cima. Por acaso você nunca assistiu a *Rocky, um lutador?*

George ficou intrigado. Adorava aquele filme. Chegara até a fazer um trabalho sobre ele na faculdade, ressaltando como uma pessoa pode vencer obstáculos e os próprios demônios para se tornar alguém de valor.

– Claro que vi – disse ele. – Quem não viu? Mas é só um filme.

– E isto é a vida – retrucou Joy, séria – e estou mandando você se levantar.

– Mas eu fracassei.

– A gente só fracassa quando pára de tentar, George. Agora desamarre essa cara e levante a cabeça porque vamos falar um pouquinho sobre como fortalecer a mente e o coração e colocar seu ônibus de volta na estrada.

Joy perguntou o que havia acontecido para que ele ficasse tão desanimado. Depois de relatar o resultado de sua dinâmica de grupo, George amaldiçoou seus dois maiores problemas, Larry e Tom, e os três lobos que o haviam sabotado no dia anterior.

– Eles não são o problema – disse Joy inesperadamente.

– Qual é o problema, então? – George perguntou, irritado.

– A negatividade em si. Ela sempre vai estar por perto em tudo o que fizermos. Sempre estaremos cercados de pessoas negativas. O problema não está nelas, mas em sua negatividade. Larry e Tom são apenas algumas das muitas pessoas desse tipo que você ainda vai encontrar na vida, George.

No fundo do ônibus, Marty ficou de pé e anunciou mais uma de suas pesquisas providenciais.

– Segundo o instituto de pesquisas Gallup, há 22 milhões de pessoas negativas na força de trabalho americana, o que representa um custo anual de 300 bilhões de dólares em produtividade!

– E essa negatividade não compromete só a produtividade e as empresas, mas as pessoas também. Energia negativa, insegurança, medo, tudo isso suga nossas forças, George, sabota os nossos objetivos e o sucesso que tanto queremos alcançar – Joy acrescentou. – Portanto, a negatividade dessas pessoas está dentro de nós também, e é por isso que precisamos alimentar o cão positivo.

– Mas há pessoas negativas dentro do meu ônibus. E outras que nem quiseram entrar nele. Você está dizendo que o problema sou eu e não elas? – perguntou George. – Sinceramente, estou meio confuso.

– Preste atenção, George. Você está próximo demais do problema para enxergá-lo com clareza. Está levando a coisa para o lado pessoal. Afaste-se um pouco e procure não pensar nessas pessoas individualmente. Esqueça até que elas têm nome. Não se trata de uma guerra entre você e elas. Essas pessoas simplesmente representam a negatividade que sempre estará ao seu redor. O importante é você saber como lidar com essa energia ruim.

Logo em seguida ela acrescentou:

– Primeiro vamos ver como lidar com as pessoas que não embarcaram no ônibus. Mostre a regra nº 5, Danny.

Danny levantou a ficha em que se lia:

Regra nº 5

Não desperdice energia com quem
não embarcou no seu ônibus.

– É muito simples, meu amigo. Algumas pessoas vão embarcar no seu ônibus e outras não. Não se preocupe com as que ficarem de fora. Não desperdice sua energia com elas. Não tente convencê-las a subir. Você não pode dirigir o ônibus dos outros, só o seu.

– Sei o que você está querendo dizer – disse George. – Durante alguns anos tentei assumir a direção do ônibus da minha mulher, mas logo percebi que ela não gostava nada disso.

Os passageiros riram e Joy continuou com sua lição.

– Isso mesmo, George. Todo mundo tem de fazer suas próprias escolhas, inclusive você. Não gaste sua energia reclamando de quem não quis entrar no seu ônibus. Não leve a coisa para o lado pessoal. Talvez o destino dessas pessoas seja entrar em outro ônibus. Se entrassem no seu, poderiam até arruinar sua viagem.

George sabia que era exatamente o que ia acontecer.

– Além disso, quanto mais energia você gastar com essas pessoas, menos poderá oferecer às que embarcaram. E também não terá energia suficiente para continuar convidando novos passageiros. Profissionais de vendas sabem disso muito bem. Quando se deixam abater pela rejeição, perdem a energia de que precisam para correr atrás de novos clientes. Portanto, o melhor a fazer é deixar para trás os que não quiseram embarcar e seguir em frente.

George agora tinha consciência do grande erro que cometera. Perdera tanto tempo pensando nos três lobos que ignorara por completo os passageiros que aceitaram participar da viagem. Sentia-se tão cansado e decepcionado que não tinha energia para tocar o ônibus adiante.

– Mas o que fazer com as pessoas negativas que entraram

no ônibus? – George perguntou, pensando em Tom e Larry. Sentiu um frio na espinha só de se lembrar deles.

Joy também tinha uma solução para eles e não era nada que envolvesse estacas e alho.

Capítulo 18

Os vampiros da energia

– Você perguntou sobre as pessoas negativas e serei bem direta, George. A próxima regra não é para quem tem coração mole. Embora não seja fácil, precisamos aprender a lidar com a negatividade do mundo. Nosso sucesso e nossa vida são tão importantes que precisamos nos cercar de um grupo de apoio bastante positivo. Ninguém cria sucesso no vácuo e as pessoas à nossa volta exercem uma enorme influência sobre nós. Se quiser ser bem-sucedido, você terá de tomar um enorme cuidado ao escolher seus passageiros. Afinal, há pessoas que aumentam nossa energia e outras que a sugam. Chamo estas últimas de "vampiros da energia". Se você deixar, elas vão sugar sua vida, seus objetivos e sua visão. Os vampiros causam vazamentos no motor, tornam a viagem um inferno e às vezes até furam os pneus de propósito. Mas não leve a coisa para o lado pessoal, George. Os vampiros simplesmente fazem parte da negatividade que existe no mundo. Sua tarefa é fazer o possível para eliminar toda a negatividade do seu ônibus, e isso inclui as pessoas, não importa quem elas sejam. Esta é a regra nº 6. Ela é muito importante. Mostre a ele, Danny.

O pedido de Joy foi prontamente atendido.

Regra nº 6

Cole em seu ônibus um cartaz dizendo:
PROIBIDA A ENTRADA DE
VAMPIROS DA ENERGIA.

– Você precisa ser forte para dizer às pessoas que não vai admitir qualquer tipo de negatividade no seu ônibus. Tem de deixar claro que, para chegar ao seu destino, precisa de uma equipe positiva e disposta a lhe dar apoio e que as pessoas negativas serão expulsas do ônibus ou largadas na estação.

Ouvindo isso, George imaginou Larry, Tom, Michael, José e Jamie sentados na estação enquanto ele partia com o ônibus. A sensação era ótima, não havia como negar. Mas será que ele realmente podia expulsar alguém? E os três lobos? Será que eles podiam simplesmente ser banidos? Antes que ele pudesse perguntar qualquer coisa, Joy disse:

– Quanto àqueles dois vampiros, Tom e Larry, você precisa chamá-los para uma reunião assim que chegar ao trabalho. Diga a eles: "Olha, não admito pessoas negativas no meu ônibus. Se vocês não mudarem de atitude, se não derem nenhum tipo de contribuição, terão de desembarcar e procurar outro emprego."

– Isso não é fácil – disse George.

– Sei que não, coração, mas às vezes não tem outro jeito. Você dá uma oportunidade às pessoas, mas, se elas não mudam, tem de expulsá-las do ônibus. Caso contrário, sua viagem vai ser um inferno.

– E os três lobos que escolheram ficar de fora? – perguntou George. – O que faço com eles?

– Converse com eles também – respondeu Joy. – Dê a eles mais uma chance de embarcar. Se não aceitarem, deixe que eles fiquem em suas respectivas mesas enquanto você e sua equipe prosseguem com as reuniões. Não os chame para nada. Depois do lançamento você pode elaborar um plano de ação junto com o pessoal do RH.

George gostou do que ouviu e sentia-se pronto para agir. Achava que tinha as ferramentas necessárias para lidar com os vampiros da energia e unificar a equipe. Entretanto, perguntava-se por que não havia aprendido nada daquilo em seu treinamento de gestão. Ensinam tantas políticas e procedimentos, pensou, mas nada que nos ajude a lidar com pessoas e problemas de verdade.

Capítulo 19

A regra fundamental da energia positiva

Eles já se aproximavam do escritório de George quando Joy deu a ele uma última orientação.

– Tem mais uma coisa que você realmente precisa saber. É tão importante que nem está incluída nas 10 regras. Pertence a uma categoria totalmente à parte. Como se fosse a regra fundamental da energia positiva. Quero até que você escreva.

George tirou papel e caneta da pasta e esperou que Joy continuasse.

– É o seguinte: *sua energia positiva e sua visão devem ser maiores que a negatividade de toda e qualquer pessoa. Sua certeza precisa ser maior que a dúvida de todos os outros.* Afinal de contas, George, sempre vai haver alguém que não compartilha da sua visão. Sempre vai haver alguém que não faz outra coisa além de duvidar, duvidar e duvidar, dizendo que você não pode fazer isso ou que não vai conseguir realizar aquilo. Essas pessoas acham que os sonhos foram feitos para os outros e não para gente como você ou elas próprias. E sempre vai haver quem não queira que você se dê bem porque, diante do seu sucesso, eles serão obrigados a reconhecer suas próprias limitações e fracassos. Em vez de criarem um ônibus para si, fazem de tudo para arruinar a viagem dos outros.

Joy fez uma pausa e depois concluiu:

– Por isso é tão importante que você seja positivo, George. Sempre temos a opção de mandar alguém descer e é o que precisamos fazer de vez em quando, mas lembre-se de que outras pessoas negativas podem subir no nosso ônibus depois. E às vezes o vampiro é alguém que não podemos expulsar, como nosso chefe, por exemplo. É preciso aprender a lidar com eles. Daí a importância de alimentar o cão positivo, de cultivar uma boa energia todos os dias. Foi por isso que lhe dei aquele livro. Fazer aqueles exercícios um dia só não adianta, George. Tem de ser um hábito. A energia positiva é como um músculo. Quanto mais você se concentrar nela, mais natural isso vai se tornar. Quanto mais você a exercita, mais forte ela fica e maior é o seu poder. O segredo está na repetição. Dessa forma, quando alguém se aproximar carregado de negatividade, você terá mais força para reagir. É como no mundo dos esportes: quanto mais a gente pratica, melhor vai ficando. Portanto, George, é fundamental que você pratique e cultive a energia positiva até se sentir suficientemente forte para combater qualquer tipo de negatividade. É assim que a coisa funciona. Esse é o segredo.

George não tinha como negar. Sua energia positiva ainda não era forte o bastante. Por isso ele havia ficado tão abalado pelas pessoas que se recusaram a subir em seu ônibus. George ainda não tinha a força e a segurança de que precisava e não se concentrava o suficiente em sua visão. Ele se deixara abater pela turma do contra porque ainda estava fraco. Sabia que naquele dia teria de colocar seu ônibus na estrada. Tudo dependia dele, e precisaria ser forte. Prometeu a si mesmo que hoje tudo seria diferente. Mas, antes que pudesse saltar do ônibus, Joy puxou-o pelo braço e disse:

– Ah, só mais uma coisa. Leve esta pedra com você.

– O que é isso? – perguntou George, estendendo a mão.

– Sei que não parece grande coisa. Uma pedra preta, suja, bem feia, na verdade. Mas é um presente especial que recebi de um professor. Na época ele me disse: "Se encontrar valor nesta pedra, descobrirá um grande tesouro dentro de si mesma e de todas as pessoas com quem se deparar."

– E o que faço com ela?

– Por ora coloque-a no bolso. Depois, olhe para ela de vez em quando e procure se lembrar de tudo que conversamos hoje. Encontre valor na pedra. E então descubra-o em você mesmo e na sua equipe.

Capítulo 20

George assume o controle de seu ônibus

A primeira coisa que George fez quando chegou ao trabalho foi convocar Larry para uma reunião. Queria conversar com cada um dos vampiros, como Joy havia sugerido, de modo que pudesse colocar seu ônibus em marcha ainda pela manhã. Sabia que precisava agir depressa. A equipe estava à sua espera e precisava de direção, foco e energia positiva.

Enquanto esperava por Larry, foi tomado pela ansiedade e por um certo medo. Parecia dia de jogo, pensou, lembrando-se do frio na barriga que costumava sentir antes das partidas de hóquei nos tempos da faculdade. Ouvindo a gritaria da torcida e com a expectativa aumentando, ele tinha a impressão de que ia desmaiar de ansiedade e ao mesmo tempo explodir de entusiasmo. Conhecia muito bem essa sensação e gostava dela. Fazia com que se sentisse vivo e pronto para entrar em campo. Além disso, essa ansiedade havia contribuído para algumas de suas melhores performances. Era dia de jogo, ele pensou, e pela primeira vez em muito tempo George estava vivo e preparado para a partida.

Assim que Larry entrou e antes que ele pudesse fazer um comentário negativo sobre ter precisado interromper seu processo criativo, George atacou com ímpeto e rapidez. Sem rodeios, disse que estava farto de sua postura negativa e que, se ele não mudasse de atitude e não ajudasse a levar o ônibus para a frente, teria de desembarcar imediatamente. Assustado com a objetividade de George, Larry demonstrou boa vontade e prometeu modificar seu comportamento dali em diante, contribuindo positivamente para os projetos da equipe. George não ficou nem um pouco surpreso. Sabia que Larry tinha uma família e não podia se dar ao luxo de perder o emprego naquele momento.

Mas com Tom era completamente diferente. Ele não tinha nenhum vínculo de lealdade com ninguém, muito menos com George. Eles nunca haviam gostado um do outro e ambos sabiam disso. Para George, contudo, gostar ou não gostar de alguém era irrelevante. O fundamental era fazer o que tinha de ser feito e colocar a equipe em ordem para o lançamento da lâmpada NGR-2000. Portanto, quando Tom entrou, ele já estava preparado.

– Quero você na minha equipe, Tom. Mas isso não vai ser possível se você for nos atrapalhar na busca de nossos objetivos. Não posso mais deixar que você seja uma má influência.

– Está brincando? – respondeu Tom agressivamente. – A única má influência aqui é você. Nossos problemas não têm nada a ver comigo, mas com a sua incapacidade de liderar. Não venha jogar a sua culpa para cima de mim. Sei que nunca nos demos bem, mas o verdadeiro problema é que não respeito você como líder. Não vou dizer o que quer que eu diga só para embarcar nesse ônibus idiota que inventou. Você precisa de mim, George. A equipe precisa de mim e, se me dispensar agora, seu ônibus vai cair num abismo. Portanto, se não tiver algo realmente importante para me dizer, eu gostaria de voltar ao trabalho.

George encolheu os ombros. Sentiu seu corpo enfraquecer como se a energia estivesse sendo sugada dele. Estava murchando como uma planta desidratada. Não sabia o que dizer e tremia da cabeça aos pés.

– Então por que entregou sua passagem? – perguntou.

– Entreguei minha passagem porque quero assistir de camarote à explosão do seu ônibus – disse Tom, com um grande sorriso forçado. – Nós dois sabemos que isso vai acontecer e nesse dia ninguém vai ficar mais feliz do que eu.

Levando discretamente a mão ao bolso, George tocou a pedra que Joy tinha lhe dado. Tirou-a dali e ficou olhando para ela enquanto pensava no que diria em seguida. Não esperava ser surpreendido daquela forma.

– O que é isso? – perguntou Tom. – Sua pedrinha de estimação?

Enquanto olhava para a pedra, George se lembrou do que Joy dissera sobre descobrirmos nosso próprio valor. Então se deu conta de que Tom não acreditava nele porque ele próprio não acreditava. Estava se deixando abalar por um vampiro arrogante que não tinha nenhum interesse pelo sucesso da equipe nem qualquer intenção de ajudá-lo a virar o jogo. E o pior é que estava aceitando aquilo como há anos vinha aceitando tudo que os outros faziam. Todos os dias a vida o minava um pouquinho mais. Sua autoconfiança diminuía dia a dia. A cada momento ele deixava de ser uma pessoa que admirava para se transformar em alguém digno de pena. George havia prometido que não fraquejaria hoje, que seria forte, mas agora sentia-se fraco e derrotado novamente. Basta, pensou enquanto apertava a pedra e sentia a palavra reverberar em seu corpo. Tom deu um passo atrás ao perceber a transformação no rosto do chefe.

George decidiu que não seria mais o saco de pancadas da vida ou de quem quer que fosse. Inclinou-se na direção de Tom e disse:

– Você acha que vou ficar de braços cruzados e permitir que você fale assim comigo? – Antes que Tom pudesse dizer qualquer coisa, ele emendou: – Pois se enganou. Você tem talento? Claro que tem. Pode contribuir para o nosso projeto? Sem dúvida pode. Mas prefiro ter menos talento e uma equipe unida, com todos remando na mesma direção, em busca dos mesmos objetivos, a trabalhar com alguém com a sua atitude. Portanto, Tom, se meu ônibus explodir, você não precisa se preocupar, pois não vai estar dentro dele. Aliás, vai descer agora mesmo. Eu não queria que as coisas fossem assim, mas, diante da sua atitude e do que acabei de ouvir, não me resta alternativa. Você está despedido.

Tom ficou estupefato. Sem dizer uma palavra, virou-se e saiu da sala, batendo a porta atrás de si.

Um vampiro a menos, pensou George, ainda trêmulo por causa da discussão. Não fora fácil, mas ele estava convencido de que tinha tomado a decisão correta. Embora Tom fosse um dos membros mais talentosos de sua equipe, motivo pelo qual não o despedira antes, George sabia que as coisas iriam melhorar dali para a frente. Tinha a sensação de que havia tirado um grande peso de suas costas. Sentia-se livre e fortalecido. Olhando para a pedra uma última vez antes de guardá-la no bolso, lembrou-se de Joy e sorriu. Pela primeira vez desde muito tempo estava orgulhoso de si mesmo.

Quanto aos três lobos, George pretendia seguir o conselho de Joy e simplesmente afastá-los da equipe, já que eles haviam se recusado a embarcar. Mas, quando Michael entrou na sala cuspindo fogo e dizendo que era loucura despedir Tom, que aquele ônibus com certeza ia explodir e George ia se dar mal, ele se viu obrigado a dizer que só havia dois caminhos possíveis: o ônibus ou a rua. Orgulhoso demais para ceder e enfurecido demais para recuar, Michael pediu demissão, dizendo que tomaria outro ônibus em outra estrada. Dois vampiros a menos, pensou George.

Depois de tanta agitação pela manhã, ele ficou imaginando o que viria a seguir. Não gostava de conflitos, discussões e gritaria. Detestava ter de despedir seus colaboradores e perder dois membros de sua equipe. Mas havia prometido ser forte e permanecer fiel à sua visão. Era isso ou a derrota. Estava pronto para enfrentar Jamie e José, mas esperava sinceramente não precisar brigar com eles.

Quando George disse a Jamie que só havia dois caminhos, ônibus ou rua, ela concordou em embarcar, mas logo em seguida lhe desferiu um golpe não de negatividade, mas de dura realidade.

– Faz anos que trabalho para você, George – disse. – E a cada ano... aliás, a cada dia, eu o vi ficar mais amargo e rabugento. Nós até apostávamos que um dia você ia ter um troço, sumir do trabalho e desistir de tudo. Mas você continuava vindo, se torturando e nos fazendo sofrer também. Esta equipe está uma bagunça não por culpa nossa, mas por sua causa. Nenhum de nós entende como você ainda não foi demitido. Então, quando recebi seu convite, pensei: sem chance, não vou tomar esse ônibus de jeito nenhum. Por que eu deveria subir num ônibus que vem se arrastando sem rumo por mais de um ano? Mas, se você diz que meu emprego depende disso, então eu subo. Só quero que saiba por que não subi antes.

George ficou pasmo. Aquilo tudo era verdade, mas mesmo assim era difícil de aceitar. Não sabia o que responder. Queria contar sobre Joy, o Ônibus da Energia e as coisas que havia aprendido, mas ficou sem reação. Além disso, não tinha tempo. Ele apenas agradeceu a Jamie por sua honestidade e por ter decidido embarcar. Então ficou à espera de José, que devia lhe dar outro golpe daqueles.

Quando José entrou, George foi logo dizendo que ficara surpreso com sua recusa depois de tudo que eles haviam feito juntos. José também não se conteve e disse tudo o que pensava:

– Pois é, George – disse ele. – Sempre fui dedicado, fiz tudo o que você me pediu. Faço hora extra, trabalho nos fins de semana, termino o trabalho dos outros e você nunca disse ao menos um obrigado. Nunca falou que aprecia meu esforço e minha lealdade. Quando lhe pedi um aumento, você ficou de pensar, mas nunca mais tocou no assunto. Você só se preocupa consigo mesmo, não se importa nem um pouco comigo. Então de repente me convida para embarcar no seu ônibus só porque precisa salvar seu emprego. Ora, todo mundo sabe que sua cabeça vai rolar se esse lançamento for um fracasso. Você queria o quê? Que eu saísse por aí soltando fogos e gritando "Legal, vou embarcar no ônibus do George"? Isso não vai acontecer. É difícil subir no ônibus de alguém que nunca pôs os pés no meu!

Foi mais um golpe duro para George. Ele vinha recebendo muitos deles ultimamente, mas aquele foi o pior, pois tinha vindo da pessoa de quem ele mais gostava, em quem mais confiava. Mas ele sabia que José estava certo e naquele momento não havia nada que pudesse dizer para que ele se sentisse melhor.

– Você tem razão. É só o que posso dizer.

José, que esperava ser despedido, ficou surpreso com a resposta de George. Tinha visto Michael e Tom saindo da sala do chefe mais cedo e achara que todos seriam demitidos. Por isso ficou ao mesmo tempo perplexo e aliviado diante da calma de George. Por um tempo eles ficaram ali, constrangidos e mudos, sem saber o que dizer um ao outro.

Foi José quem quebrou o silêncio:

– Então, o que vai ser agora?

George continuou calado, pensando numa resposta, quando de repente lhe ocorreu um pensamento: "Você não pode mudar o passado. Deixe-o para trás. Crie o futuro."

– Agora vamos criar nosso futuro – falou com segurança e brilho no olhar. Ele havia beijado a lona com dois ganchos de direita, mas dessa vez conseguira se levantar. Não estava disposto a jogar a toalha. Dessa vez correria atrás de sua visão. – Agora peço que você me dê uma chance de recompensá-lo. Ainda não sei como, mas vou encontrar um jeito. Se me ajudar com esse lançamento, vou provar que vale a pena trabalhar comigo. Vou mostrar que estou do seu lado.

José concordou e eles saíram juntos da sala para convocar o resto da equipe para uma reunião. Aquele seria o início de um dia bastante produtivo e positivo.

Capítulo 21

George tem um sonho

Naquela noite, depois de um dos dias mais produtivos que tivera em muitos anos, George teve um sonho. Estava ao volante de um ônibus. Os membros de sua equipe, sua mulher e seus filhos eram os passageiros. O veículo descia desgovernado a encosta de uma montanha, rumo a um enorme buraco negro. No momento em que o ônibus ia cair e explodir, uma mão invisível salvou todos eles. Depois, enquanto observavam o abismo, George foi tomado por uma incrível sensação de paz e ouviu alguém sussurrar: "Coisas maravilhosas estão acontecendo, pode acreditar." Ele acordou ensopado de suor e pensou em sua equipe e no lançamento da nova lâmpada.

Deu-se conta de que os três dias seguintes seriam os mais importantes de sua vida e mesmo assim sentia-se incrivelmente tranqüilo, confiando que de alguma forma tudo daria certo, que logo tudo ficaria bem. Ficou espantado com a própria calma, mas depois dos acontecimentos da semana anterior já começava a se habituar a surpresas. Estava aprendendo que a vida podia mudar num piscar de olhos. Num instante você está caminhando para o completo desastre e no seguinte está indo de ônibus para o trabalho e discutindo estratégias de negócios com um grupo de pessoas que provavelmente nunca teve sequer uma aula de administração na vida. E o mais surpreendente é que tudo o que elas diziam dava certo. Sim, George já estava se acostumando a surpresas.

Capítulo 22

Hoje melhor do que ontem

O que está faltando? O que posso melhorar? Como posso mostrar aos meus colaboradores que embarquei no ônibus deles? George se fazia essas perguntas na manhã de quarta-feira enquanto esperava o ônibus. Ele pensava na conversa que tivera com Jamie e José e no desempenho de sua equipe na véspera. Repassava os acontecimentos do dia do mesmo modo que um técnico de futebol repassaria as jogadas de uma partida ou que uma bailarina relembraria cada passo de sua apresentação. É em momentos assim que nos lembramos de nossos acertos e erros e pensamos no que "deveríamos" ou "poderíamos" ter feito de outra forma. Se estivermos dispostos a aprender com nossos erros, é nessas ocasiões que podemos melhorar e avançar rumo ao sucesso. George sempre soubera disso, mas em algum momento do caminho havia esquecido a importância de aprender e melhorar.

Mas agora já pensava com clareza novamente e podia se lembrar do ótimo conselho que havia recebido do técnico de hóquei na faculdade: "O objetivo não é ser melhor do que os outros, e sim melhor do você foi ontem." George realmente queria ser uma pessoa, um líder, um marido e um pai melhor. Queria que José se sentisse bem trabalhando para ele, que Jamie visse que ele não teria um troço. Seu objetivo era melhorar a cada dia, ajudar sua equipe a progredir e, quem sabe, realizar um lançamento perfeito para os diretores da NRG Company. Sabia que suas chances não eram lá muito grandes, mas a esperança e o desejo de mudança eram tudo o que lhe restava. Sua equipe tinha feito grandes progressos na véspera, mas ele tinha consciência de que ainda precisariam de muito mais para transformar o impossível em realidade e obter pleno sucesso na sexta-feira. Alguma coisa ainda estava faltando, mas ele não sabia exatamente o quê.

George pegou a pedra que Joy lhe dera. Embora se sentisse um tanto ridículo andando por aí com aquilo no bolso, todas as outras coisas que Joy lhe dissera faziam sentido, assim sendo, ela devia ter um bom motivo para lhe dar aquele presente. Então se lembrou das palavras dela: "Se encontrar valor nesta pedra, descobrirá um grande tesouro dentro de si mesmo e de todas as pessoas com quem se deparar." Talvez haja um diamante aqui dentro, ou algo parecido, pensou George. Depois riu da própria maluquice. Bobagem. Como se Joy fosse me dar uma pedra com um diamante dentro. Mas que valor poderia ter aquilo? Talvez fosse uma relíquia de uma civilização antiga. Ou um símbolo de força. Sem dúvida ela havia ajudado durante o embate com Tom. Quem sabe não vinha de um rio especial? Ou talvez tivesse valor porque era um presente de Joy, que a havia recebido de seu professor. George não fazia a menor idéia. Esperava que Joy tivesse alguma resposta sobre aquele enigma, bem como sobre o que ele poderia fazer para se tornar um líder melhor. Então o ônibus 11 chegou.

Capítulo 23

Sentindo-se bem

Mesmo antes de subir, George ouviu uma cantoria vindo lá de dentro. "Estou ótimo, sim, sim, sim! Estou ótimo, sim, sim, sim!", berravam os passageiros, balançando os braços no ar. Joy, claro, era quem puxava o refrão e só parou para cumprimentar George.

– E aí, coração, como está se sentindo hoje?

– Ótimo – disse ele. – O que está acontecendo aqui? Por que vocês estão cantando dessa maneira?

– Emoções, George. Elas podem levantar ou derrubar a gente. Gostamos de dizer que "E-moção" significa energia em movimento e nosso estado emocional tem tudo a ver com a energia que flui através de nós. Então, em vez de deixarmos as emoções nos arrastarem para o beco escuro da negatividade, da tristeza e do desespero, podemos assumir o controle delas, recarregar nossas baterias e deixar a energia positiva fluir.

– Faz sentido, mas é meio bobo, não acha? – disse George.

– Claro que é – retrucou Joy. – A gente sabe disso. Mas os passageiros saem daqui felizes, recarregados e prontos para o dia, enquanto as pessoas que pegam outros ônibus vão para o trabalho apreensivas. O que você prefere ser, George: bobo e feliz ou certinho e triste? É uma escolha simples, não é?

George não tinha como discordar. Vivera infeliz por tempo suficiente para saber que era muito melhor ser tolo e alegre. Tudo, menos tristeza.

– O segredo é a gente se sentir bem – continuou Joy. – Quando estamos bem, todos ao nosso redor se sentem da mesma forma. Não estou falando daquele sentimento bom que a gente tem depois de tomar uma xícara de chá bem quentinho ou comer uma barra de chocolate. Estou falando de alegria, felicidade, entusiasmo, gratidão, paixão. Lembre-se de uma coisa, George: o melhor presente que podemos dar ao mundo não está no nosso currículo nem nas nossas realizações. Não existe presente melhor que a alegria e a felicidade que podemos transmitir aos outros. Quem se cerca de gente feliz e positiva acaba se sentindo feliz e positivo também. As pessoas ficam tentando agradar aos outros, mas isso só as deixa infelizes. O melhor que temos a fazer é cuidar da nossa própria felicidade e deixar que ela contagie os demais. Quando estamos bem, irradiamos nosso poder. Quando estamos mal e tentamos agradar aos outros para nos sentirmos melhor, simplesmente desperdiçamos nosso poder... e isso nos deixa mais fracos. Está entendendo, George?

George entendia perfeitamente. Passara boa parte da vida tentando agradar ao chefe, à mulher e a todo mundo e só conseguira se tornar um pouco mais infeliz a cada dia. Mas agora se sentia bem outra vez. Expulsara os vampiros da energia de seu ônibus e colocara sua equipe novamente nos trilhos. Sentir-se bem fazia toda a diferença.

Mas ele ainda pensava no dia anterior e tentava descobrir o que estava faltando. Contou a Joy sobre as conversas que tivera com Jamie e José e como eles o surpreenderam com sua franqueza. Falou que finalmente percebera que sua postura como chefe era destrutiva. Falou também das reuniões produtivas e da boa reação de sua equipe. Em seguida, foi direto ao ponto e perguntou o que ele não estava fazendo e que poderia fazer para que as coisas melhorassem ainda mais.

– Afinal, estou me sentindo bem e eles estão correspondendo, mas não tanto quanto eu gostaria. Ainda está faltando alguma coisa. Sei que ainda podemos melhorar. Tem de haver algo além de nos sentirmos bem.

– Claro que tem – Joy respondeu imediatamente. – Você realmente está mudado, George. Estou orgulhosa disso. Mas agora precisa aprender a mudar sua postura como líder. E o segredo está no coração. É isso que está faltando: coração. É o que vamos ajudá-lo a desenvolver para depois você dividir com os outros. Tudo tem a ver com o coração, George. Espero que esteja preparado, porque depois do próximo passo sua viagem não vai ter mais volta.

Capítulo 24

Lidere com o coração

George se perguntava o que Joy queria dizer com aquilo.

– Você está dizendo que não tenho coração? – Ele apontou para o peito e acrescentou: – Claro que tenho. Está bem aqui.

– Ora, George. Sei muito bem que você tem um coração. Mas ele está frio, negativo e insensível há tanto tempo que acabou se fechando. E não vai se abrir completamente de uma hora para outra. Todas essas situações que você tem vivido nos últimos dias têm contribuído para abrir seu coração, e isso é bom. Certa vez ouvi alguém dizer que Deus vai partindo nosso coração até abri-lo. Essa é a mais pura verdade. Pense bem. Cada problema, cada desafio, cada adversidade faz você se aproximar mais da sua verdade, da pessoa que realmente é. Às vezes precisamos chegar ao fundo do poço para descobrir nosso verdadeiro poder. Foi isso que aconteceu com você. Foi por isso que veio parar no meu ônibus. Já era hora de entrar em contato com essa pessoa otimista e poderosa que existe dentro de você.

George pensou no pneu furado, nos problemas que enfrentava em seu casamento, na crise profissional, nas conversas com Jamie e José e concluiu que Joy estava certa. Todas essas coisas estavam fazendo com que ele parasse de culpar os outros e passasse a olhar para si mesmo. No entanto, nunca havia pensado nessa história de coração aberto ou fechado. Simplesmente se sentia aliviado por ainda não ter tido um infarto.

– E agora você precisa liderar, George – Joy declarou. – Eu disse liderar, e não administrar. Estou falando de uma liderança positiva e contagiante. É disso que sua equipe precisa. Eles querem que você lidere com o coração. Essa é a peça que está faltando. O coração é o centro de seu poder. É dele que vem a liderança positiva e contagiante de que estou falando. E quanto mais aberto, forte e positivo ele está, maior é o seu poder, George.

– Ela não está brincando – disse Marty no fundo do ônibus. – Não se trata daquela baboseira motivacional que a gente ouve por aí. Isso tem sido até estudado por especialistas. Aliás, dando uma olhada em algumas publicações científicas, encontrei diversas pesquisas sobre o assunto realizadas pelo Institute of HeartMath. Eles têm até um site: www.heartmath.org. – Marty abriu o laptop e caminhou até George. Na tela se lia o seguinte:

- O coração funciona como um condutor emocional e informa como estamos nos sentindo a todas as células do corpo por meio de um campo eletromagnético. Este campo energético pode ser detectado a uma distância que vai de 1,5 a 3 metros.
- O campo eletromagnético do coração é 5 mil vezes mais poderoso que o do cérebro.

– Três metros de distância, 5 mil vezes mais poderoso que o do cérebro! – enfatizou Joy, encarando George de modo que ele percebesse a importância da pesquisa. – Isso significa que irradiamos nossa energia positiva ou negativa por meio do coração o dia inteiro e as pessoas recebem esse sinal. É assim que percebemos se alguém está sendo verdadeiro ou falso. Somos capazes de sentir o coração da pessoa e sabemos se ela está sendo sincera ou se está encenando. Dá para perceber direitinho. É por isso que existem expressões como "ter um grande coração", ou "colocar o coração em tudo que fizer", ou "do fundo do coração". Andamos por aí propagando energeticamente as nossas emoções e todos são capazes de captá-las, sejam elas positivas ou negativas, não importa se estamos animados, calmos, nervosos ou com raiva. Como eu disse no outro dia, George, é tudo uma questão de energia. Os seus colaboradores estão captando as ondas que você emite e querem sua energia. Precisam de você mais do que nunca. E você também precisa deles. Se quer que eles recebam uma energia mais positiva e poderosa, você vai ter de lhes transmitir isso abrindo seu coração.

– Mas não sei como fazer isso – disse George, olhando nervosamente para Marty e Joy, ciente de que faltavam só mais dois dias para o lançamento. – Como se lidera com o coração?

Capítulo 25

CEO

Não foi Joy quem respondeu, mas outra pessoa no ônibus. Alguém que falara pouco até então, mas que tinha uma vasta experiência em liderança positiva e contagiante. Jack era um homem de meia-idade, calvo, que sorria daquele jeito simpático que faz todo mundo sorrir também. Quando falava, todos ouviam, e agora estava prestes a dividir seu conhecimento com George.

– Chegou a hora de você se tornar o CEO* da NRG Company – Jack afirmou com a segurança de um líder experiente enquanto ajeitava a gravata e o paletó.

George achou que o homem tinha ficado completamente louco.

– Mas, senhor, sou apenas um gerente. E só me restam dois dias para a apresentação. Como é que vou me tornar o CEO da empresa e o que isso tem a ver com o coração?

– Em primeiro lugar, me chame de Jack. Em segundo, não quero dizer que você deve ser o presidente da NRG Company. Nesse caso, CEO significa Condutor de Energia Oficial. Por que a troca? Porque nos dias de hoje a energia é a moeda cor-

---

* N. do E.: A sigla CEO (Chief Executive Officer) é utilizada nos Estados Unidos para designar o presidente da empresa.

rente do sucesso pessoal e profissional. Quem não tem energia não pode liderar, inspirar nem fazer a diferença. E o melhor de tudo é que todos na empresa podem se tornar um CEO, inclusive você. Ser um CEO significa compartilhar com seus colegas e clientes uma energia positiva e contagiante. Quer dizer que você fala com o coração – explicou Jack, colocando a mão no peito. – Aposto, George, que você já ouviu falar de "inteligência emocional".

George fez que sim com a cabeça e Marty berrou:

– Segundo as pesquisas, a inteligência emocional é responsável por 80% do sucesso dos adultos.

– É mesmo, Marty – continuou Jack. – E a inteligência emocional nada mais é do que usar o poder do coração quando estamos liderando, vendendo ou comunicando. É exatamente a mesma coisa que liderar com o coração. Basta se comunicar de maneira eficiente e contagiante. Em resumo, sabe o que isso significa? Que as pessoas vão respeitar você e querer segui-lo. Não estou dizendo que você pode se tornar um CEO da noite para o dia, mas, se quiser levar sua equipe à vitória na sexta-feira, vai ter de começar imediatamente. – Em seguida disse quase num sussurro: – Posso lhe contar uma historinha?

– Claro – respondeu George.

– Aqui estou eu, um líder confiante. Sei quem sou, o que tenho de fazer e como liderar. Não apenas sou o presidente da minha empresa, mas também um Condutor de Energia Oficial. Mas há anos as coisas não eram assim. Eu era igual a você. Estava neste mesmo ônibus e nossa querida Joy, esse anjo enviado dos céus, salvou meu emprego, minha empresa e minha vida. Quer saber como?

George assentiu, seus olhos estavam grudados naquele homem tão confiante.

– Eu comandava uma importante divisão da empresa. Tinha sido contratado logo depois de me formar, já fazia alguns anos, e muitos dos meus superiores me chamavam de "o Escolhido". Acumulava todo o conhecimento do mundo. Tinha um ótimo currículo e era um homem ético. Puxa, como eu dava duro. Durante 25 anos caminhei, na verdade corri, rumo ao sucesso. Porém, olhando para trás, percebo que não tinha uma coisa: coração. Eu não era um líder de verdade. Expulsava as pessoas do meu ônibus o tempo todo, sem sequer refletir, e liderava pela intimidação. Isso não funciona por muito tempo. No início até deu certo, mas depois comecei a ter sérios problemas de motivação e retenção com minha equipe. A produtividade e os resultados caíram drasticamente. A negatividade era tanta que as vendas também despencaram e a empresa quase foi à falência. O Conselho queria me mandar embora, mas o presidente, que era meu mentor, acreditava em mim e resolveu me dar uma chance. Entretanto, eu não tinha nenhuma esperança. Havia fracassado e estava pronto para desistir de tudo. No dia que resolvi sair de casa mais cedo, disposto a acabar com minha própria vida, conheci Joy.

George estava chocado.

– Isso mesmo, George. Eu ia acabar com tudo. A dor era grande demais e o fracasso, insuportável. Minhas expectativas não tinham se tornado realidade. Sei o que você está pensando. Hoje também acho difícil acreditar nisso tudo. Mal dá para imaginar que essas coisas me passaram pela cabeça naquela época, mas eu estava muito mal. Até que Joy apareceu para me ajudar. Seu sorriso salvou o meu dia. Suas palavras me encheram de energia. Ela me fez acordar.

Ele fez uma pausa. Em seguida emendou:

– Então mudei de idéia e comecei a tomar o ônibus dela para o trabalho. Sabe, ando mais 20 minutos só para chegar ao ponto. Poderia muito bem ir de carro, mas não. Foi por causa dela que me tornei um CEO e hoje estou no comando de uma empresa repleta de outros CEOs que usam diariamente as 10 regras para criar sucesso e energia positiva. Joy salvou minha vida e meu emprego, George, e agora quero ajudar você. É assim que a energia positiva funciona: uma vida que toca outra vida que toca outra vida... E, para espalhar a energia positiva na sua equipe e no mundo, você precisa conhecer a regra nº 7, que responde a sua pergunta sobre como liderar com o coração.

Emocionada e com os olhos cheios de lágrimas, Joy pediu a Danny que mostrasse a George a regra nº 7.

Regra nº 7

O entusiasmo atrai mais passageiros
e lhes dá energia durante a viagem.

Jack olhou para a ficha de cartolina que Danny segurava e depois para George e então continuou a dividir com ele sua energia e seus conhecimentos. George precisava de ajuda mais do que nunca.

– Os Condutores de Energia Oficiais vivem e trabalham com entusiasmo, George. Sentem-se felizes por estarem vivos, cultivam sempre a energia positiva e são otimistas com relação à vida e ao trabalho. É assim que extraem todo o poder que existe no coração. Não se deixam paralisar pelo medo. Ao contrário, movidos pela energia positiva, eles se jogam na vida e encaram os desafios, como esse que você vai enfrentar na sexta-feira, como uma oportunidade de aprendizagem, crescimento e sucesso.

Marty berrou outra vez do fundo do ônibus:

– A palavra "entusiasmo" vem do grego *éntheos*, que significa "tomado de inspiração divina".

– Exatamente – confirmou Jack. – Quando vivemos e trabalhamos com entusiasmo, trazemos essa energia divina e poderosa para tudo o que fazemos e as pessoas notam isso. Elas vêem e sentem. E, quando percebem essa vibração, querem subir no nosso ônibus. Captam a energia e vão logo dizendo: "Ei, quero ir nessa viagem também!" Pessoas de diferentes departamentos se dispõem a ajudá-lo e você adquire a reputação de alguém com quem é bom trabalhar. Os clientes querem fazer negócios com você. Os profissionais da área comercial vêm atrás de você em busca de conselhos, pois precisam de inspiração para aumentar suas vendas. Quando você vive e trabalha com entusiasmo, as pessoas giram ao seu redor feito mariposas em torno de uma lâmpada. Walt Whitman dizia que convencemos os outros por meio da nossa presença e, quando agimos com paixão, projetamos uma energia que faz as pessoas quererem subir e permanecer no nosso ônibus. Essa é uma energia poderosa, George. Foi Joy quem me ensinou isso e funciona mesmo.

George não precisava ser convencido. Enquanto Jack falava, ele se lembrou de como o entusiasmo o havia ajudado a conseguir o primeiro emprego. Soubera disso pelos próprios contratantes. Também se lembrou de quando convidara a esposa para um primeiro encontro e de como seu entusiasmo havia contribuído para que ela aceitasse. E, pensando em como tinha trabalhado com vigor nos primeiros anos na NRG Company, perguntou-se o que havia acontecido. Em que momento do caminho ele havia perdido o ânimo? Mas tudo isso pertencia ao passado. Só o que ele queria agora era sentir aquela mesma chama ardendo dentro dele outra vez. Queria ser a pessoa que Jack estava descrevendo. Enquanto ouvia o que ele dizia, pensava em como deveria se comportar no trabalho naquela quarta-feira.

Jack prosseguiu com seus ensinamentos.

– E lembre-se do que Joy disse: "Quando estamos bem, as pessoas a nossa volta também se sentem assim." Quem está entusiasmado sente-se bem e as pessoas próximas percebem isso. Certa vez um cliente me disse que tinha feito uma compra não porque gostara especialmente do nosso produto, mas porque tinha sido contagiado pela energia do vendedor. Não interessa o que você está vendendo, nem que equipe ou departamento está liderando. Também não interessa o produto que está lançando. O que as pessoas vão comprar é você e sua energia. A verdade é que, se você está entusiasmado, as pessoas se animam a saber aonde seu ônibus vai e sentem vontade de embarcar e permanecer nele.

Joy estivera calada durante todo esse tempo e, embora admirasse que seu pupilo tivesse se tornado um mestre na arte de ensinar seus princípios, queria que George soubesse de uma coisa sobre a qual Jack ainda não havia falado.

– George, isso não significa que você tem de ser falso e irritante – disse ela. – Demonstrar entusiasmo não é ficar pulando e batendo palmas o tempo todo. Estamos falando de algo verdadeiro. Você não tem de forçar a barra. Basta ser natural, deixar que sua presença convença as pessoas. Concentre-se no seu entusiasmo e deixe que sua energia fale por você. Hoje procure ser o coração da sua equipe. Lembre-se que, assim como todas as células do corpo vibram na mesma freqüência do coração, todos ao seu redor também vibram na mesma freqüência da sua energia. Assim como o coração irradia energia a cada uma das células, você tem de irradiar energia positiva aos seus colaboradores. Também é muito importante ensinar tudo isso a eles, mostrar que todos podem se tornar um CEO. Diga a eles que qualquer um pode se transformar no coração da sua própria empresa, pois não importa onde estamos nem o que fazemos, quando vivemos e trabalhamos com entusiasmo, todo mundo ao nosso redor vibra na mesma freqüência.

– Então era por isso que minha equipe estava tão fora de ordem? – perguntou George, olhando para Joy e Jack. – Porque eu estava irradiando uma energia negativa?

– Para falar a verdade, sim – respondeu Jack. – As pessoas negativas geralmente criam um ambiente ruim. A energia de uma empresa ou equipe depende da energia e do entusiasmo tanto dos líderes quanto de todas as pessoas que contribuem para a cultura da organização. Em contrapartida, essa cultura influencia a energia de cada pessoa, formando assim um ciclo perpétuo de energia positiva ou negativa. Portanto, quando me perguntam qual é o ativo mais importante da minha empresa, digo sempre que é a energia. Não se trata de eletricidade ou de gasolina, mas da energia que os colaboradores trazem para o trabalho diariamente. E é essa energia que está na base do nosso sucesso.

– Os números não mentem – disse Marty, sempre preparado para contribuir com uma pesquisa. – Segundo Daniel Goleman, autor do livro *Inteligência emocional*, as empresas que têm uma cultura de positividade invariavelmente apresentam um resultado melhor que aquelas que têm uma cultura de negatividade. Além disso, se você investir nas empresas que estão entre as melhores para se trabalhar, em que as pessoas são cheias de energia positiva e vigor, vai conseguir um retorno bem acima da média do mercado de ações. Ao que parece, o entusiasmo é bom para o bolso também.

– Ouviu isso, George? – perguntou Joy. – É tudo uma questão de energia. O que estava faltando era entusiasmo. Todas as equipes de sucesso contam com esse elemento. Todas querem, mas poucas têm. E tudo começa com você. Portanto, George, está na hora de você aumentar ainda mais sua energia. Acha que está preparado?

– *Claro* que estou! – respondeu ele, animadíssimo, pronto para entrar em ação. Ainda faltavam alguns quilômetros para chegar ao escritório, mas ele sentiu um impulso de saltar do ônibus e correr o resto do caminho. No entanto, sabia que isso só o deixaria cansado e ele precisava de toda a energia que pudesse reunir. Então decidiu continuar onde estava e ouvir o que mais Joy tivesse a dizer, o que foi ótimo, porque a regra que aprendeu em seguida faria toda a diferença.

Capítulo 26

Ame seus passageiros

Enquanto dirigia, Joy pensava no que diria em seguida. George já havia mudado muito, mas será que estava preparado para o que viria a seguir?

– Não é impressionante como a vida sempre nos manda sinais na hora certa para orientar nossa jornada? – disse ela. – Se estivermos abertos e procurarmos por eles, esses sinais vão nos dizer para onde nosso ônibus deve ir e de que precisamos para nossa viagem. E o que é melhor: quando decidimos seguir pelo caminho apontado, Deus move céus e terras para nos ajudar. As pessoas certas aparecem, as circunstâncias colaboram, os obstáculos somem, idéias criativas brotam. É assim que a coisa funciona. Não sou eu quem faz as regras. Simplesmente as compreendo e ensino. – Ela olhou para George e prosseguiu: – A próxima regra será difícil de compreender, mas é fundamental que você esqueça suas dúvidas, coração.

Danny levantou a ficha onde estava escrito:

Regra nº 8

Ame seus passageiros.

– Não ignore os sinais, George. A chave para o sucesso da sua equipe é o amor – Joy falou.

George ficou um tanto surpreso. Nunca tinha ouvido alguém falar de amor e negócios na mesma frase.

– O entusiasmo é importante, mas o amor é fundamental. Se quiser extrair todo o poder do seu coração e liderar com energia positiva e contagiante, tem de amar seus passageiros. Na verdade, você precisa se tornar um ímã do amor.

Quando ouviram isso, todos aplaudiram com entusiasmo.

– Ímã do amor? Mas o que é isso? – George perguntou, sem muita certeza se queria ouvir a resposta.

– Para se tornar um ímã do amor, você precisa amar seus colaboradores, seus clientes, sua empresa e sua família. Tem de distribuir o amor com generosidade.

Jack interveio e disse:

– Sei que é meio esquisito falar de amor no mundo dos negócios, George, mas Joy está certa. Tudo o que qualquer um de nós quer é ser amado. E tudo o que os membros de sua equipe querem é o seu amor.

Ao se lembrar de José, George começou a ver sentido naquilo. Ele contou sobre a conversa que tiveram na véspera e como tudo o que José queria era se sentir valorizado e importante. George havia prometido fazer alguma coisa, mas não sabia exatamente o quê.

– Tudo que ele quer é amor, George – observou Jack. – Você pode lhe dar quantos troféus e prêmios quiser, e um aumento certamente não seria má idéia, mas tudo isso seria esquecido com o tempo, até mesmo a alegria pelo aumento. Só o que vai permanecer é a emoção, a sensação de ser amado. Tudo se resume a isso, George. José e os outros da equipe precisam saber que você se importa com o futuro e o bem-estar deles. Precisam se sentir amados. Você não pode se preocupar apenas consigo mesmo e com seu emprego. Tem de se importar com eles também. Se amá-los, eles vão amar você e lhe retribuir de diversas maneiras: trabalhando duro, sendo leais, surpreendendo você com iniciativa e histórias de sucesso. Eles vão aprender com você e ao mesmo tempo terão muito a lhe ensinar. Mas, se tratá-los como números ou instrumentos para uma promoção ou gratificação, receberá deles o mesmo tratamento. Quanto mais amor você espalha, mais recebe de volta. Quando sua equipe sentir o seu amor, vai querer continuar no seu ônibus, não importa aonde ele vá. O entusiasmo faz as pessoas se animarem a embarcar, mas é o amor que faz com que elas permaneçam no ônibus.

– Tudo isso parece excelente – disse George com ceticismo. – De verdade. Mas falar de amor no trabalho é uma coisa e colocá-lo em prática é outra. Além disso, o que dizer a todas essas pessoas para quem o amor é coisa de gente fraca?

– Excelente observação – disse Jack. – Não é fácil. Ninguém disse que seria, principalmente no mundo dos negócios. Mas com determinação e prática não há caminho melhor para elevar o desempenho e a produtividade de sua equipe. Algumas pessoas acham que o amor é uma fraqueza – disse ele –, mas na verdade é a emoção mais forte e poderosa que se pode ter. – A boa notícia – continuou Jack – é que temos o recurso perfeito para colocar o amor em prática. Gastamos muito tempo e energia com isso e bolamos cinco maneiras para você amar seus passageiros. Eu as implementei na minha empresa e os resultados foram sensacionais. – Jack entregou a George uma folha onde estavam descritas as cinco estratégias.

George examinou-a rapidamente, mas viu pela janela que já estava chegando ao escritório.

– Bem, infelizmente não temos tempo para falar disso agora, mas será que eu posso colocar alguma destas estratégias em prática imediatamente? – George perguntou, querendo fazer tudo o que estivesse a seu alcance o mais depressa possível.

– Bem, mais do que qualquer outra coisa, George, vai ser preciso tempo – disse Joy. – O amor é um processo, não uma meta. Precisa ser alimentado. Mas se há uma coisa que você pode começar a fazer imediatamente é tentar extrair o que há de melhor em cada membro da sua equipe. Quando amamos uma pessoa, desejamos o melhor para ela. Queremos que ela brilhe. E a melhor maneira de se fazer isso é descobrindo o valor que ela tem dentro de si.

– Como... a pedra... – disse George, balançando a cabeça lentamente.

– Sim, George, como a pedra. Eu já esperava que você me perguntasse sobre ela. Ainda está com você? – Joy perguntou.

– Está, sim. Bem aqui – respondeu, tirando-a do bolso.

– Ótimo, porque, se tivesse perdido, levaria um belo puxão de orelha – disse ela rindo.

Joy derramou um pouco de água numa toalhinha e a entregou a George.

– Agora pegue isto aqui e esfregue a pedra com bastante força.

George obedeceu e, depois de muito esfregar, ficou surpreso: por baixo da crosta preta havia uma pedra de ouro.

– É o que estou pensando? – perguntou.

– Pode apostar que sim – respondeu Joy, tomando a pedra da mão dele num gesto de brincadeira. – Sorte sua não tê-la perdido. – George deu uma gargalhada. – Viu, a sujeira não muda a natureza da pedra. Continua sendo ouro. E os membros de sua equipe, assim como você, estão cobertos por uma camada de poeira. O importante é você saber que dentro de cada um deles há uma pepita de ouro querendo brilhar. O valor está dentro deles. Ajude-os a encontrar o ouro, George, como eu ajudei você. Tire a sujeira deles. Ajude-os a descobrir seus pontos fortes. Deixe-os fazer o que eles sabem fazer melhor. Se cada um tiver a chance de utilizar seu ponto forte, o valor da equipe e de cada membro individualmente vai se multiplicar por 10. Isso é amar, George. Entre outras coisas, amar é deixar que as pessoas compartilhem suas habilidades especiais. E, se você amá-los e ajudá-los a encontrar o próprio ouro, eles irão brilhar e você também. Isso é ser um CEO. Quando você encontra o que há de melhor nos outros, acaba extraindo o melhor de si mesmo também.

Nesse instante, Joy e Jack pararam de falar. Todos no ônibus ficaram no mais absoluto silêncio. Sabiam o que isso significava. George estava pronto.

Joy olhava para ele com orgulho. Aquelas pessoas tinham dividido com George o que ele precisava saber e Joy tinha certeza de que ele faria um enorme progresso durante os dois dias que ainda faltavam para a importante apresentação. Ela também sabia que não se tratava apenas do lançamento de uma lâmpada nova. Queria que George alcançasse o sucesso que tanto desejava, claro, mas no fim das contas o resultado do lançamento seria irrelevante. George não veria as coisas desse jeito, lógico. Portanto, na hipótese de o lançamento ser um fracasso, ela teria de explicar novamente que todas as coisas acontecem por um motivo e que, não importa o que ele tenha feito ou onde tenha estado, dali em diante ele tinha tudo de que precisava para criar uma vida e uma carreira extraordinárias, fosse na NRG Company ou em qualquer outro lugar. Já conhecia as oito primeiras regras e, com elas, vinha um poder incrível. A apresentação de sexta-feira seria apenas um trecho de sua longa viagem e, para tirar todo o prazer dessa jornada, ele ainda precisava conhecer as duas últimas regras. Sem elas, ficaria sem o principal combustível para uma vida significativa e poderosa. Mas isso teria de ficar para o dia seguinte, pensou Joy, parando o ônibus diante do prédio da NRG.

Enquanto George saltava, ela disse:

– Dê o máximo de si hoje, George! Lembre-se: entusiasmo, amor e ouro. E não se esqueça de amar sua esposa. Ela também precisa disso. Divida todo o seu amor e amanhã estaremos aqui para recarregá-lo!

George colocou a mão sobre o coração e em seguida soprou um beijo para Joy e todos os passageiros do Ônibus da Energia. Sentia-se muito mais grato do que qualquer um deles podia imaginar. Quando ele se afastou, Joy virou-se para trás e buscou o olhar de Jack.

– Ele está pronto – disse.

– Também acho – confirmou Jack.

Capítulo 27

As regras do amor

Enquanto caminhava para o escritório, George deu uma olhada na folha que Jack havia lhe dado com as cinco maneiras de amar seus passageiros. Ficou tão intrigado que se sentou no banco na frente do prédio e começou a ler com atenção. Se tenho algum amor para dar, pensou, preciso começar a dá-lo hoje mesmo. Então é melhor eu aprender logo tudo o que puder.

CINCO MANEIRAS DE AMAR SEUS PASSAGEIROS

1. *Arrume tempo para eles* – Quem ama alguém ou alguma coisa gosta de passar tempo com o objeto do seu amor, alimenta a relação. Do mesmo modo que não podemos alimentar nosso casamento grudados diante da televisão, não podemos alimentar nossas relações profissionais sentados à mesa do escritório. O segredo é sair da sua sala e procurar conhecer seus colaboradores. Passe algum tempo com eles. Converse com cada um separadamente. Procure vê-los como pessoas, e não como números. Cuide da sua equipe com o mesmo amor que cuidaria de um jardim. Quando estiver com eles, esteja presente de corpo e alma. Não fique

pensando nas mil coisas que ainda tem a fazer naquele dia ou nas mil pessoas com quem ainda tem de conversar. Concentre sua atenção e energia na pessoa com quem está falando. Eles vão notar a diferença.

2. *Ouça os que eles têm a dizer* – Um dos principais fatores responsáveis pela boa avaliação de um chefe é a disposição que ele tem para ouvir as idéias e necessidades de seus subordinados. Colaboradores e clientes querem ser ouvidos, portanto ouça-os. Não estamos falando de uma técnica qualquer desses cursos de audição ativa. Estamos sugerindo que você realmente se sente com as pessoas, as escute de coração aberto e se importe com o que estão dizendo. O segredo é a empatia. Quando se sentem ouvidas, as pessoas se emocionam.

3. *Demonstre reconhecimento* – Não estamos falando de distribuir troféus em jantares de premiação. Em vez disso, sugerimos algo bastante pessoal. Prestigie as pessoas pelo que elas realmente são ou fazem. Reconheça o ser humano que existe por trás de cada profissional. Conhecemos um líder que envia a cada colaborador de sua empresa um cartão de aniversário escrito à mão, e não um cartão eletrônico com uma assinatura digital. Nem sempre isso é possível, claro. Mas os gerentes podem fazer o mesmo com os membros de sua equipe. Outra maneira de prestigiar um colaborador é elogiá-lo quando ele está fazendo a coisa certa. Quanto mais você fizer isso, mais ele vai tentar acertar. Alimente o cão positivo que existe dentro das pessoas e observe como ele vai crescer.

4. *Coloque-se a serviço deles* – Um grande líder certa vez disse que quanto mais você subir na hierarquia de uma organização, mais deverá servir às pessoas sob seu comando, e não esperar que elas sirvam você. Nesse caso, servir significa cuidar do crescimento, do futuro, da carreira e do bem-estar de seus colaboradores, de modo que eles se sintam satisfeitos com a vida, com o trabalho e por estarem no seu ônibus. Quanto mais eles crescerem, mais poderão ajudar você a crescer também.

5. *Extraia o que eles têm de melhor* – Deixamos esse item por último porque é o mais importante de todos. Quem ama sempre quer o bem da pessoa amada. Quer que ela seja bem-sucedida e feliz, que mostre o que tem de melhor. Portanto, a melhor maneira de um líder demonstrar seu amor por sua equipe é ajudar cada um de seus membros a descobrir seus pontos fortes e lhes dar uma oportunidade de utilizá-los. Quando você cria um sistema que permite que os membros de sua equipe brilhem, não só extrai o melhor de cada um deles, mas também da própria equipe e da empresa como um todo. Se quiser mesmo amar seus colaboradores, ajude-os a fazer o que eles sabem fazer especialmente bem. É simples assim.

Capítulo 28

Medo e confiança

George entrou no prédio como se fosse o dono da empresa, pronto para amar e inspirar sua equipe. Mas, caminhando para o elevador e pensando no enorme desafio que tinha pela frente, viu-se assombrado pelo velho fantasma da insegurança. E se eles não me amarem também?, pensou. Não seria o primeiro caso de amor não-correspondido. E se eu não conseguir motivá-los? E se não conseguir motivar nem a mim mesmo? E se já for tarde demais? Tomado pelo medo, teve a sensação de haver levado um soco no estômago. Com os ombros encurvados e quase sem conseguir respirar, olhou pela vidraça e viu o ônibus se afastar. Sabia que tudo o que Joy e Jack tinham lhe dito eram verdades poderosas, mas transformá-las em realidade era completamente diferente. Hesitando entre a teoria e a prática, George ficou paralisado de medo.

A porta do elevador abriu e fechou, mas ele ficou ali parado, incapaz de se mexer. Sentira-se seguro no ônibus, mas agora se via como um gladiador prestes a ser empurrado numa arena cheia de leões que não ligavam a mínima para as regras de Joy. Estava tão preocupado com seus pensamentos negativos que não viu um velho rival de pé diante dele, nervoso e trêmulo. Foi Michael quem falou primeiro:

– Sei que pedi demissão, George. Sei também que eu disse que seu ônibus ia explodir, mas andei refletindo muito. Jamie me ligou para contar que seu ônibus está na estrada. Ela contou que você parece outra pessoa e que toda a equipe está muito animada. Então vim aqui para lhe pedir uma nova chance. Sei que posso ajudar você e a equipe.

George, que ainda tentava recuperar o fôlego, levantou os ombros. Seria um grande erro dar uma segunda chance a Michael? Talvez ele ainda fosse um vampiro da energia, embora sua ajuda fosse muito bem-vinda naquele momento. George se lembrou de um artigo que havia lido sobre Richard Branson, dono do grupo Virgin, que tinha entre seus líderes mais fiéis um homem a quem ele dera uma segunda chance anos antes. O medo de George aos poucos foi se dissipando e ele agora via as coisas com mais clareza.

– Muito bem, vou lhe dar uma nova oportunidade, mas você vai ter de se transformar num Condutor de Energia Oficial.

– Me transformar no quê? – perguntou Michael.

– Lá em cima eu explico. Prepare-se para um dia extraordinário.

A porta do elevador se abriu e Michael entrou.

– Você não vem? – perguntou a George.

– Encontro você num minuto.

– Muito obrigado por tudo – disse Michael, com um olhar humilde e sincero. – Não vou decepcionar você.

– É bom tê-lo de volta – retrucou George pouco antes de a porta do elevador se fechar.

Ele olhou para o ponto onde o Ônibus da Energia o havia deixado e se lembrou do que Joy tinha acabado de falar sobre ver os sinais e deixar que ele nos apontem o caminho certo. Então se perguntou se Michael não era um sinal.

Talvez o fato de ele ter pedido para voltar significasse que a equipe de George estava pronta para segui-lo. George o tinha aceitado de volta, o que podia indicar que ele estava pronto para liderar e amar sua equipe. Michael era um obstáculo, mas talvez os problemas estivessem se dissipando. Joy havia falado sobre o caminho certo e era bem possível que George o tivesse encontrado. O destino parecia conspirar para que o ônibus dele seguisse sem atropelos. Como num filme ou num sonho, Michael havia aparecido no momento certo para acordar George e ajudá-lo a vencer o medo. Além disso, o "vampiro" havia pedido para voltar exatamente quando a equipe mais precisava dele.

Isso fez com que George se lembrasse do sonho que tivera antes e o entendesse com clareza. O sonho também era um sinal dizendo que ele devia aprender a confiar. Ele era o motorista do ônibus e tinha uma escolha a fazer. Confiar ou não em Michael era uma escolha, bem como seguir em frente com segurança ou se deixar paralisar pelo medo. Claro que ele podia estar correndo em direção à destruição de sua carreira e havia o risco de que seu ônibus explodisse, mas ainda assim ele podia escolher entre acreditar que as coisas dariam certo no final ou desistir de tudo ali mesmo. Jack dissera que os CEOs superam os desafios avançando com confiança e otimismo e era isso que George pretendia fazer. Confiava na existência de um GPS divino que continuaria a guiar seus passos como havia feito até então. Ele não poderia ignorar os sinais. Todos apontavam na direção certa e as luzes estavam verdes para que ele prosseguisse. *Não vou deixar que o medo se coloque em meu caminho*, pensou. *Afinal, ninguém faz "voto de medo", faz "voto de confiança". Se eu acreditar em Deus, na minha equipe e em mim* mesmo, todos acreditarão também. O medo de antes havia se transformado em confiança, e esta agora se transformava em coragem. George enfim entrou no elevador, realmente pronto para dar o salto mais importante de sua vida.

Capítulo 29

O dia seguinte

George estava ofegante enquanto corria pelas últimas quadras até o ponto de ônibus. Não conseguia acreditar que não tinha ouvido o despertador tocar. Ficara no escritório até as três horas da manhã com José e Michael, tentando colocar o trabalho em dia, e não dormira o suficiente. Era quinta-feira, véspera da apresentação mais importante da sua vida, e ele precisava falar com Joy e Jack mais do que nunca. Quando chegou ao ponto, o ônibus já havia partido.

George se sentou no banco do ponto sentindo-se exausto e desanimado. Agora não teria a oportunidade de contar a eles sobre o dia extraordinário que tivera na véspera e como sua equipe tinha reagido incrivelmente bem a seu entusiasmo. Queria ter falado da reunião em que explicara o que significava ser um CEO.

Ele também havia prometido dar um aumento a José caso não fosse demitido. E, o que era mais importante, prometera estar sempre ao lado dele para apoiá-lo e ser seu mentor. Compartilhara seu amor com todos e estava certo de que eles tinham sentido isso. A equipe estava cheia de energia, as idéias brotavam e eles haviam produzido mais em um dia do que no mês inteiro.

A única preocupação de George era que mais pessoas não tivessem ficado até tarde com ele. Esta noite ele teria de trabalhar até de madrugada novamente para terminar os detalhes da apresentação (gráficos, efeitos sonoros, o fluxo geral das idéias) e precisaria de mais do que dois membros da equipe. Queria perguntar a Joy e Jack o que fazer, mas tinha perdido a oportunidade. Bem, vou esperar pelo próximo ônibus e aproveitar a viagem para encontrar uma solução, ele pensou, tentando se manter positivo. George estava aprendendo a confiar e a não permitir que pequenos contratempos o puxassem para baixo. Confie, ele repetia para si mesmo enquanto se concentrava na respiração, como Joy havia ensinado na semana anterior.

Chegando ao escritório, ficou surpreso ao encontrar uma carta em sua mesa. Ao ver o nome da remetente, ele sorriu. Era de Joy. A carta dizia:

George,

Não fique pensando que escrevi esta carta enquanto dirigia o ônibus. Não sou tão boa assim. Ao constatar que você não apareceria hoje, pedi a Jack que fosse escrevendo para mim. Ele deduziu que você precisou trabalhar até bem tarde ontem à noite a fim de se preparar para a apresentação e acabou dormindo um pouquinho mais hoje de manhã. Tivemos a intuição de que você precisaria conhecer a regra nº 9, então pedimos para Marty deixar essa mensagem em seu escritório. Aqui está a nova regra:

Regra nº 9

Dirija com propósito.

O propósito é o principal combustível da nossa viagem pela vida, George. Quando dirigimos com propósito, não ficamos can-

sados nem aborrecidos e nosso motor não pifa. Sei que você deve estar animadíssimo com esse lançamento, e é assim que deve ser, mas precisa descobrir o que vai fazer para manter essa energia depois. Todos os trabalhos do mundo, até mesmo o dos atletas profissionais e o das estrelas de cinema, podem ficar entediantes e sem graça se deixarmos. É o propósito que mantém o nosso ímpeto. Vou lhe dar um exemplo.

Certa vez, quando o presidente Lyndon Johnson visitou a Nasa, se deparou com um faxineiro limpando o chão com um esfregão. O homem trabalhava com tanto afinco que o presidente se aproximou dele para dizer que nunca tinha visto faxineiro melhor. Então ele respondeu: "Senhor, não sou apenas um faxineiro. Ajudei a mandar um homem para a Lua."

Está vendo, George? Embora estivesse limpando o chão, ele tinha um propósito maior, uma visão maior para sua vida. Era isso que o motivava a seguir em frente e a fazer bem o seu trabalho. As pessoas me vêem como uma motorista de ônibus. Mas vejo meu trabalho como algo bem maior. Sou uma Embaixadora da Energia e ajudo as pessoas a transformarem suas vidas. Claro, dirigir um ônibus às vezes é monótono, isso acontece com qualquer trabalho. Mas pensar que posso ajudar alguém me faz seguir em frente e mantém a energia fluindo. É por isso que os passageiros continuam no meu ônibus, porque dirijo com propósito. Quando enchemos nosso tanque de propósito, encontramos alegria na rotina, paixão no dia-a-dia, algo de extraordinário no que é comum.

Infelizmente, muitas empresas conseguiram criar uma cultura que suga o ânimo e a energia de seus colaboradores. Depois ficam se perguntando por que têm tantos problemas de motivação, desempenho e retenção de pessoal. Não seja um desses líderes que só se sentem motivados quando têm um grande projeto *em vista, um prazo importante a cumprir ou quando correm o risco de perder o emprego. Esse tipo de motivação tem vida curta e não leva ao verdadeiro sucesso. Abasteça seu entusiasmo e deixe que ele contagie os membros da sua equipe. Use o propósito como combustível. Descubra seu objetivo e sua visão antes do lançamento de sexta-feira e então procure abastecer diariamente sua equipe e você mesmo. Não sou eu quem vai lhe dizer que propósito é esse. Só você pode descobrir.*

Lembre-se de que é você quem está na direção e tem o melhor campo de visão. Portanto, é você quem deve comunicar aos outros o que está vendo e qual é o seu objetivo. Assim que encontrar esse propósito maior, divida-o com todos os membros da sua equipe. Se eles se sentirem parte dele, vão trabalhar com muito mais afinco e por muito mais tempo.

Jack pediu para lhe dizer que já passou muitas noites solitárias antes de apresentações importantes, até que aprendeu esta regra.

Muito bem, George. Dirija com propósito hoje e sempre cultive isso na sua equipe. Se você conseguir fazer isso, eles não só vão continuar a bordo quando seu ônibus estiver na estrada como também vão descer para empurrá-lo quando for necessário. Um propósito comum mantém uma equipe motivada e unida. Portanto, George, compartilhe.

JOY

George balançou a cabeça e sorriu. Menos de duas semanas antes ele havia tido a infelicidade de um pneu furado e não conseguia ver nenhuma luz no fim do túnel. Mas agora, mesmo depois de ter perdido o ônibus, ele recebia a regra nº 9 e Joy e Jack lhe davam exatamente as respostas de que precisava, como se tivessem adivinhado as perguntas. Entretanto, uma última questão continuava sem resposta: qual era seu propósito maior e sua visão? Lâmpadas não eram lá muito inspiradoras, pensou olhando para a carta de Joy. Só então percebeu que havia mais uma folha que ele ainda não tinha lido. Ele a colocou na frente das outras e deu um risinho ao ver que era assinada por Marty.

Oi, George, aqui é o Marty. Eu queria falar de um estudo em que duas equipes de engenheiros aeronáuticos foram colocadas para trabalhar separadamente. A primeira recebeu um modelo do produto acabado e foi informada de que construiria o avião mais moderno e rápido do mundo. A segunda foi dividida em pequenos grupos e instruída a desenhar as peças separadamente, sem saber qual era a forma final do avião. Claro que a equipe que tinha uma visão do que estava construindo trabalhou com muito mais entusiasmo que a outra e terminou na metade do tempo. Achei que você devia saber disso.

MARTY

Ao ler essa história, George teve uma idéia tão boa que, se Marty estivesse ali, ganharia um abraço bem apertado. George convocou os membros de sua equipe para uma reunião na sala de conferências a fim de dividir sua idéia com eles. Todos estavam em seu ônibus. Agora ele queria que eles o ajudassem a empurrá-lo com propósito, entusiasmo e motivação. George torcia para que seu plano desse certo.

Capítulo 30

A equipe se motiva

Em vez de impor suas idéias, George achou melhor permitir que todos formulassem juntos uma visão e um objetivo maiores. Ele acreditava que, dessa forma, os membros da equipe se sentiriam mais motivados, trabalhariam com mais energia e a tarefa seria mais significativa. E foi exatamente o que aconteceu. George relatou os diversos exemplos sobre os quais Joy tinha lhe falado e todos se empolgaram e começaram a trocar idéias, enquanto Jamie anotava todas elas num quadro. A energia positiva tomou conta da sala.

Depois de aproximadamente uma hora de muita discussão, eles chegaram a três princípios centrais com os quais todos, inclusive George, concordavam. Dali em diante não seriam apenas uma equipe que introduzia novas lâmpadas no mercado, mas uma equipe que tinha por objetivo:

1. Buscar a excelência em suas idéias, campanhas de marketing e resultados.

2. Trabalhar com entusiasmo e propósito para se tornarem CEOs não só dentro da equipe, mas em toda a empresa, disseminando energia positiva.

3. Compartilhar a luz. Veriam a si mesmos como intermediários capazes de ajudar uma criança a ler antes de dormir, um estudante a se preparar para uma prova importante, um pai esforçado a acordar cedo para o trabalho, um idoso a encontrar seu remédio à noite. O trabalho deles iluminaria os quartos e as vidas de todos os homens, mulheres e crianças que pudessem se beneficiar de uma lâmpada.

George notou que a energia na sala de conferências havia se transformado. No início da reunião todos pareciam exaltados, mas o que se via ali agora era bem diferente. As pessoas não tentavam mais superar umas às outras. Em vez disso, trabalhavam em conjunto. Nada de vaidades, interesses pessoais nem conflitos. Imbuídas de uma visão comum, elas contribuíam para algo maior que o sucesso individual. Como numa banda, em que cada um toca seu próprio instrumento para produzir uma ótima música, cada membro da equipe fazia sua parte e o resultado era perfeito. Eles estavam motivados, sincronizados e cada vez mais formavam um grupo de verdade. Estavam juntos no ônibus de George. Tinham a mesma visão, o mesmo propósito e a mesma energia positiva. Iam todos na mesma direção.

Já eram duas horas da manhã quando, olhando ao redor, George constatou que sua idéia havia funcionado. Joy e Jack estavam certos. Ele nunca mais teria de trabalhar até tarde sozinho. Seus colaboradores não estavam apenas a bordo de seu ônibus. Também ajudavam a empurrá-lo. Vendo que todos haviam ficado com ele madrugada adentro se preparando para o lançamento, George abriu um largo sorriso. Sim, seus passageiros estavam motivados e imbuídos de um mesmo propósito. Isso era ótimo, pois sexta-feira era dia de jogo. Eles teriam a maior vitória ou sofreriam a pior derrota de suas vidas profissionais.

Capítulo 31

Dia de jogo

Sexta-feira. Dia de jogo. Menos de duas semanas antes, George estava certo de que esse seria o fim de sua carreira na NRG Company. Agora, tinha esperança de que fosse um novo começo e uma oportunidade de dividir com os colegas todos os princípios que havia aprendido no Ônibus da Energia. Deveria estar exausto, mas não estava. Recebera um longo beijo da mulher ao sair de casa e sentia-se bem porque, independentemente do que acontecesse no trabalho, seu casamento havia voltado aos trilhos. As crianças estavam reagindo muito bem ao amor e aos estímulos que ele vinha lhes dedicando e até o cachorro parecia mais feliz. Se ele perdesse o emprego, sua família passaria por sérias dificuldades financeiras, mas pelo menos permaneceria unida. Algumas noites antes, ficou emocionado quando sua esposa perguntou o que ele havia feito com aquele George ranzinza e estressado dos últimos anos. Ele a abraçou apertado e a ouviu dizer: "Parece que estou outra vez diante do homem por quem me apaixonei. Não sei por onde você andou, mas estou muito feliz por tê-lo de volta."

Sim, eu voltei e nunca mais quero estar nos lugares por onde andei todos esses anos, George pensou enquanto sentava-se no mesmo banco de sempre para esperar pelo ônibus de Joy. Não havia nenhuma possibilidade de aquilo acontecer. Joy o havia infectado com o vírus da positividade e ele faria o que fosse preciso para manter essa energia fluindo.

Olhando para o relógio, ele constatou que o ônibus estava um pouquinho atrasado. Ansiava por ver Joy, Jack, Marty e os demais passageiros uma última vez. Seu carro ficaria pronto no fim daquela tarde e, se por acaso ainda tivesse um emprego, ele voltaria a ir para o trabalho dirigindo, a fim de poupar seu tempo e o dinheiro da passagem. De repente se deu conta de que aquele seria seu último dia no Ônibus da Energia. Ele pensava na saudade que sentiria de todos, inclusive de Marty, quando o ônibus nº 11 parou para pegá-lo pela última vez.

Antes de subir, esperou que um dos passageiros descesse.

– Muito abençoado para ficar estressado! – repetia o homem para si mesmo, mas alto o suficiente para ser ouvido. Depois se virou para trás e gritou: – Obrigado, Joy!

– Não se esqueça – Joy berrou de volta. – Muito abençoado para ficar estressado!

Mais um convertido, George pensou com um sorriso. Quando entrou no ônibus, foi recebido pelos calorosos aplausos de todos os passageiros.

– Todos nós lembramos que hoje é o grande dia – disse Joy. – Queríamos que você soubesse que estamos torcendo e mandando muita energia positiva para você.

George agradeceu a ela, Jack e Marty pela carta e a todos os outros pelo apoio que eles tinham lhe dado ao longo das duas últimas semanas. Contou-lhes como o desempenho de sua equipe tinha sido incrível no dia anterior e como a regra nº 9 tinha feito toda a diferença.

– Obrigado por serem minha equipe da energia!

– E aí, coração, como está se sentindo hoje? – Joy perguntou num tom maternal.

– Estou ótimo. A equipe está pronta. Eu estou pronto. Um pouco nervoso, mas, no meu lugar, quem não estaria?

– É isso aí, George. Quem não estaria nervoso? Isso é sinal de medo. Todos nós sentimos isso, mas o segredo do sucesso é que nossa confiança seja maior. Um pouquinho de medo até que é bom, mas é energia fraca, acaba logo. A confiança, por outro lado, é um combustível aditivado e leva nosso ônibus até onde ele precisa ir.

– Gostei disso – George respondeu, ciente de que a confiança sempre fora um tema recorrente em sua vida.

– É como eu estava dizendo àquele senhor que acabou de saltar. Nós prestamos tanta atenção às coisas que nos deixam estressados que acabamos esquecendo todas as outras pelas quais deveríamos agradecer. Portanto, George, quando você entrar naquela reunião hoje, não se sinta estressado. Em vez disso, agradeça. Agradeça o emprego que teve por tantos anos, enquanto há tanta gente desempregada. Agradeça o apoio que tem recebido de sua equipe e de sua família. Agradeça até por ser capaz de andar e falar. Se parasse para contar todas as suas bênçãos, você veria que elas são mais numerosas do que as estrelas no céu. Quem se sente abençoado não tem tempo para ficar estressado. E essa gratidão ajudará você a ter um bom desempenho hoje. Vai lhe dar energia e conduzi-lo até a linha de chegada.

George olhou à sua volta e percebeu que todos ouviam com a mais absoluta atenção o que Joy dizia, sugando cada palavra. Amavam aquela motorista tanto quanto ele. George notou um senhor idoso, sentado mais ou menos no meio do ônibus, que nunca tinha visto. Ele era magrinho e usava chapéu e óculos. Tinha o rosto enrugado das pessoas que têm muitas histórias a contar sobre os lugares onde estiveram, as coisas que viram, as experiências que viveram e as lições que aprenderam – bastaria que você tirasse um tempinho para ouvi-las. George o cumprimentou com um aceno da cabeça e o velhinho, com um brilho no olhar, retribuiu levantando a aba do chapéu.

Sim, pensou Joy ao ver a interação deles pelo retrovisor, as pessoas certas sobem no nosso ônibus no exato momento em que precisamos delas.

– Gostaria de apresentar você a Eddy – disse ela a George. – Nós nos conhecemos no asilo do papai. A mulher dele também sofria de mal de Alzheimer, por isso nos encontramos lá. Infelizmente ela faleceu e Eddy passou por momentos muito difíceis. Mas, depois de um ano de luto, ele agora retomou a vida. E posso garantir que tem mais energia e é mais ocupado que a maioria dos garotos de 20 anos que vejo por aí. Diga a ele quantos anos você tem, Eddy.

– Oitenta e oito – disse o velhinho.

– É isso aí, George. Oitenta e oito anos e toca piano todos os dias, escreve poesias, viaja de trem pelo país inteiro visitando os parentes e de vez em quando aparece no meu ônibus para conhecer novas pessoas, ir a novos lugares e fazer coisas diferentes. Eddy me ensinou um grande segredo: *o objetivo da vida é manter o espírito jovem, se divertir e chegar ao ponto final o mais tarde possível, com um belo sorriso no rosto.* Esta é uma lição tão poderosa e fez tanta diferença em minha vida que decidi fazer dela a regra nº 10.

Danny mostrou a última ficha:

Regra nº 10

Divirta-se e aproveite a viagem.

– Você sabe qual é o ponto final, não sabe, George? Ninguém está livre dele. Todos estamos indo para lá. Mas o importante é o tanto que conseguimos nos divertir durante a viagem. Afinal, a vida é uma só e o melhor que temos a fazer é aproveitar ao máximo nossa jornada. Muita gente acha que vai viver para sempre. As pessoas passam a vida inteira acumulando riqueza, posses e poder, mas depois, quando o ônibus chega ao ponto final, elas têm de deixar tudo para trás. Não dá para levar nada. Então, para que tanto sofrimento? As pessoas se preocupam demais com coisas sem valor. Basta ver os noticiários. Até os países brigam por causa de fronteiras. Se os homens abrissem os olhos, veriam que o Universo inteiro é a casa deles. Por que brigar por causa de um pedacinho de terra quando o planeta inteiro é nosso? As pessoas poderiam ter tudo se simplesmente aproveitassem a viagem, mas insistem em pensar pequeno. Se concentram em promoções, prazos, e-mails e brigam com colegas e familiares pelos motivos mais insignificantes, esquecendo que nunca mais verão o dia de hoje outra vez. Passam a vida em seus ônibus, mas não vêem a beleza que as cerca. Pense bem, George: no dia em que você morrer, sua caixa de entrada ainda vai ter uns 30 ou 40 e-mails que ficarão sem resposta. Você nunca vai dar conta de tudo, então é melhor relaxar, respirar fundo e aproveitar a viagem.

Marty, como sempre, tinha uma pesquisa a esse respeito em seu laptop:

– Eles perguntaram a uma turma de velhinhos, todos com 95 anos de idade... nem sei onde encontraram todos eles, na Flórida, eu acho... bem, perguntaram o que eles fariam diferente se tivessem a chance de voltar atrás. As três respostas mais freqüentes foram: 1) Refletiriam mais. Aproveitariam mais os momentos de alegria, como o nascer e o pôr-do-sol. 2) Correriam mais riscos. A vida é curta demais para não nos lançarmos nela. 3) Teriam deixado um legado. Algo que permanecesse depois da morte deles.

– Entende o que estou dizendo, George? Aprenda com o nosso Eddy aqui. Aprenda com os idosos. Não passe a vida inteira se lamentando. Não seja alguém que, ao olhar para trás, vá dizer que devia ter feito isso ou aquilo. Viva e trabalhe como se não tivesse nada a perder e tudo a ganhar. Ou como uma criança na manhã de Natal, sempre alegre e animada com os presentes que recebeu. Não deixe que o estresse o impeça de se sentir abençoado. Não fique comparando seu sucesso ao dos outros. Apenas aproveite a viagem. Quando começar sua apresentação hoje, pise fundo no acelerador e tente se divertir o máximo possível. Depois, quando vierem os elogios, continue vivendo e trabalhando todos os dias com alegria e propósito. O que não vai ser difícil, basta você se lembrar de mim. – Então, revirando os olhos, ela riu e disse: – Eu sei, eu sei. Às vezes eu passo dos limites.

O Ônibus da Energia já estava quase chegando ao prédio da NRG quando Joy se virou mais uma vez para George, que ouvia a tudo calado, poupando sua voz para a apresentação, e disse:

– E lembre-se de que o melhor legado que uma pessoa pode deixar não é um edifício com o seu nome ou uma jóia valiosa, mas um mundo modificado por sua presença, sua alegria e suas ações positivas.

O ônibus parou e, antes que George saltasse, os passageiros se adiantaram para cumprimentá-lo com abraços e apertos de mão. Jack entregou seu cartão de visitas e pediu que George lhe telefonasse assim que possível para contar o resultado da apresentação, já que todos no ônibus queriam saber. Joy, claro, foi quem lhe deu o abraço mais apertado. Enquanto ele saltava, ela parou no topo da escada e disse:

– Hoje é seu dia, George. E esta é sua vida. Como eu disse antes, você subiu no meu ônibus por um motivo. E esse motivo é o dia de hoje e todos os outros que virão depois.

Ao entrar no prédio, George pensou que aquele poderia ser seu último dia como funcionário da NRG Company ou talvez o primeiro como Condutor de Energia Oficial. Em menos de duas horas ele conheceria seu destino. No entanto, qualquer que fosse o resultado, acreditava que seu ônibus estava no caminho certo e sentia-se pronto para aproveitar o resto da viagem.

Capítulo 32

A apresentação

Os diretores da NRG estavam sentados em volta da mesa de reuniões esperando por um desastre. Costumavam ter grandes expectativas com relação a George, mas sabiam que seu desempenho tinha piorado muito nos últimos tempos e aquele provavelmente seria seu último dia. A nova lâmpada NRG-2000 seria oficialmente lançada em um mês e aquela apresentação diria se a equipe estava preparada ou em total desordem, como sempre. George provavelmente precisaria ser substituído por um executivo experiente. O sucesso deste novo produto resultaria num faturamento sem precedentes e a empresa não podia correr nenhuma espécie de risco.

George parou na frente da sala e encarou os diretores. Podia sentir a negatividade e a dúvida que emanava deles. Sabia que eles esperavam vê-lo fracassar. Por que seria diferente? George sentiu o coração disparar. Não conseguia pensar direito. Estava sendo tomado pelo medo. Agora não, pensou. Não vou deixar que eles me puxem para baixo.

Nesse instante ele se lembrou de Joy sorrindo e lhe dizendo que sua energia positiva devia ser maior que a negatividade de qualquer pessoa. Pensando nela, respirou fundo e se viu tomado por uma incrível calma. Certamente haveria outros fracassos em sua vida, mas não naquele dia. Hoje ele não se permitiria falhar.

Embora esperassem por um desastre, os diretores presenciaram uma das melhores apresentações da história da NRG. Eles haviam embarcado no ônibus de George, que agora seguia em alta velocidade.

Quando a apresentação terminou, George e sua equipe se abraçaram e os diretores, surpresos, se aproximaram para saber como ele havia conseguido um resultado tão admirável.

– Bem – respondeu George –, decidi que era hora de deixar de ser um simples gerente para me tornar um Condutor de Energia Oficial.

Eles não faziam a menor idéia do que George estava falando, mas isso não tinha importância. Ele teria tempo de sobra para ensinar os diretores a conduzir seus ônibus de energia e incentivar seus CEOs. Por ora só queria relaxar, dar um dia de folga a seus colaboradores e lhes agradecer por tudo. Eles haviam marcado um gol de placa no último minuto do segundo tempo, e isso era motivo de comemoração.

Porém, para sua surpresa, nenhum dos membros de sua equipe quis ir para casa. Eles queriam comemorar juntos. Queriam saborear a vitória e desfrutar a energia daquele momento. George entendeu que, quando as pessoas se dedicam de corpo e alma a um projeto e trabalham duro em prol de um objetivo comum, gostam de comemorar juntas. Sua equipe tinha feito algo incrível e agora merecia o devido reconhecimento. Ele não podia lhes negar isso. Aquelas pessoas eram seu time e ele as amava mais do que nunca. Portanto, em vez de insistir em que todos fossem para casa, George os convidou para almoçar. Eles tiveram uma tarde inteira de muita comida, diversão e confraternização. Falaram do sucesso que tinham alcançado naquele dia e fizeram planos para conquistar muito mais. Sabiam para onde aquele ônibus ia e estavam contentes por terem embarcado nele.

Capítulo 33

Alegria

A oficina mecânica já estava quase fechando quando, no último minuto, George entrou para buscar o carro. Ainda pensava no almoço divertido que tivera com sua equipe quando se aproximou do balcão e cumprimentou a atendente, uma mocinha ruiva de expressão doce. Ela usava um crachá e George riu ao ler seu nome: Joy.

– O que é tão engraçado? – perguntou ela.

– Nada – respondeu George. – Gosto muito do seu nome, só isso. – E, olhando para o alto, sussurrou: – Obrigado.

Os sinais eram bem claros. Duas semanas antes ele culpava os céus por todos os problemas que vinha enfrentando, mas agora os céus conspiravam a seu favor, mostrando e iluminando o caminho a seguir. George percebeu como todas as coisas, tanto as boas quanto as ruins, o haviam conduzido àquele momento. Se não fosse o pneu furado, jamais teria conhecido Joy. Se não tivesse passado por tantas adversidades e desafios no trabalho, jamais teria se tornado um líder melhor. E, se não tivesse recebido um ultimato da mulher, jamais teria percebido como as coisas andavam mal nem imaginado que poderiam ficar tão boas.

E agora as perspectivas, tanto no trabalho quanto na vida pessoal, não poderiam ser melhores. Ele percebia que aquilo que a princípio encarara como algo ruim o tinha levado a coisas boas. Joy lhe dissera que tudo acontecia por um motivo e, embora não enxergasse isso antes, quando estava no olho do furacão, ele agora via com a mais absoluta clareza.

A vida é um teste. As adversidades nos ajudam a crescer. Os acontecimentos e as pessoas negativas nos mostram o que não queremos para que possamos concentrar nossa energia no que realmente queremos. George prometeu a si mesmo não se deixar abater da próxima vez que surgisse um problema no trabalho, pois sabia que sempre haveria um novo desafio a superar. Em vez disso, de agora em diante ele se perguntaria: o que posso aprender com este desafio? O que ele está querendo me ensinar? E em seguida enfrentaria o problema com otimismo e confiança e sairia dele uma pessoa melhor, mais forte e mais sábia.

A atendente lhe entregou a chave do carro e disse:

– O senhor deve estar feliz de ter seu carro de volta. Aproveite.

George agradeceu e foi embora com aquele "aproveite" ecoando em sua mente. Achava surpreendente como esta palavra tinha se tornado recorrente em sua vida e como agora tocava seu coração. Ela lhe dizia para não pensar tanto no passado, a não ser para aprender alguma coisa. Também dizia para não se preocupar com o futuro, porque ele nada mais é do que a conseqüência do que se planta no presente. Em vez disso, concentre-se no seu caminho. Erga a cabeça e deixe a alegria invadir seu coração. George constatou que, entre tantas lições aprendidas nas duas últimas semanas, a mais importante de todas estivera sempre bem diante do seu nariz. Não se tratava de algo que pudesse ser dito, mas que precisava ser vivido e sentido. Não importava aonde seu ônibus o levasse nem que obstáculos ele tivesse de enfrentar ao longo caminho, ele só precisava deixar a alegria entrar e saborear cada momento da viagem.

Dirigindo de volta para casa, George se comprometeu a procurar esse sentimento em tudo o que fizesse dali em diante. Fosse tocando algum projeto no trabalho ou brincando com os filhos em casa, ele se perguntaria: onde está a alegria deste momento? Posso senti-la? Como posso aumentá-la? Depois da experiência que tivera no ônibus de Joy, ele faria da alegria um passageiro permanente em seu próprio ônibus.

George pegou o celular e ligou para a mãe, que acabara de passar por mais uma dolorosa sessão de quimioterapia e certamente estava precisando de um pouquinho de alegria. Queria dizer a ela para aproveitar cada momento que lhe restava, fossem seis meses ou seis anos. Queria lhe dizer para saborear cada segundo e se abastecer de amor, não de medo, tanto naquele período difícil quanto em todos os dias que viriam depois. George esperava que de algum modo sua própria alegria aliviasse a mãe de tanta dor e revolta. Mas, ao ouvir a voz dela, soube que não precisaria dizer nada disso. A alegria não era algo que pudesse ser ensinado com palavras. Precisava ser vivida. George percebeu que só era necessário dizer uma coisa, do fundo do coração: "Eu te amo."

Capítulo 34

De ônibus é mais divertido

Quando o ônibus 11 parou no ponto na segunda-feira, George entrou e deu um forte abraço em Joy. Depois anunciou aos passageiros:

– Nós conseguimos! A apresentação foi perfeita!

Todos vibraram com a notícia, enquanto Jack, Danny e Marty o cumprimentavam com entusiasmo. Então ele levantou um grande cartaz.

– O que é isso, coração? – Joy perguntou.

– Um novo cartaz – George respondeu. – As pessoas precisam conseguir ler as 10 regras para aprendê-las. Não dá para enxergar as palavras escritas à mão naquele cartaz pequenininho ali. Então imprimi este outro, com letras bem grandes, para que você possa ajudar outras pessoas do mesmo modo que me ajudou.

– Você é um amor, George. Olhem só que belo trabalho. As regras parecem até melhores.

– Vamos pendurar – disse Marty do fundo do ônibus e todos concordaram.

Então eles penduraram o cartaz que George fizera e que, com muito orgulho, exibiria as regras do Ônibus da Energia a todos os passageiros e motoristas que ainda estavam por vir.

Aquelas 10 regras haviam mudado a vida de George e todos no ônibus sabiam que era só o começo. Joy tinha certeza de que muitas pessoas como ele ainda entrariam em seu ônibus e estava pronta para elas.

– Bem, George, fique sabendo que todos que aparecerem por aqui de agora em diante vão conhecer a sua história – disse Joy. – Quando você estiver indo para o trabalho naquele seu lindo carro, vai sentir as orelhas queimando, porque vou contar a todo mundo sobre o homem que nos deu este cartaz, que se encheu de coragem e atravessou a escuridão para encontrar a luz. Vamos contar sua história de sucesso, George.

– Tudo isso é muito bom – disse George – e me deixa muito lisonjeado. Mas, se for falar de mim, vai ter que ser na minha frente, porque mudei de opinião. Resolvi continuar indo para o trabalho de ônibus. Ir de carro é ótimo, mas de ônibus é muito mais divertido!

– Muito mais! – disse Joy, com um grande sorriso.

Então ela pisou no acelerador e seguiu para o próximo ponto, onde certamente mais pessoas esperavam para embarcar no Ônibus da Energia. Elas logo aprenderiam tudo aquilo que George agora sabia.

O Ônibus da Energia as levaria para a viagem de suas vidas.

10 REGRAS PARA A VIAGEM DA SUA VIDA

1. Você é o motorista do seu ônibus.

2. Desejo, visão e foco levam seu ônibus na direção certa.

3. Abasteça seu ônibus com energia positiva.

4. Convide as pessoas a embarcarem em seu ônibus e compartilhe com elas a visão que você tem do caminho à sua frente.

5. Não desperdice energia com quem não embarcou no seu ônibus.

6. Cole em seu ônibus um cartaz dizendo: PROIBIDA A ENTRADA DE VAMPIROS DA ENERGIA.

7. O entusiasmo atrai mais passageiros e lhes dá energia durante a viagem.

8. Ame seus passageiros.

9. Dirija com propósito.

10. Divirta-se e aproveite a viagem.

O plano de ação do Ônibus da Energia

Utilize os princípios do Ônibus da Energia para estimular a positividade e o desempenho de sua equipe.

A seguir você encontrará um plano de ação simples e eficaz para empresas, escolas, igrejas, times e até famílias.

Passo 1: Crie sua visão

Para começar, reúna-se com sua equipe e, juntos, passem algum tempo estabelecendo aonde querem que seu ônibus chegue. Você pode dar uma sugestão e pedir que eles a elaborem ou podem começar do zero, desenvolvendo, em conjunto, uma ou mais visões.

Faça as seguintes perguntas:

- Quais são os nossos objetivos?
- Imaginem o futuro. O que vocês vêem?
- O que esperamos realizar?

Passo 2: Abasteça sua visão com propósito

Ao criar sua visão, procure associá-la a um propósito maior.

Faça as seguintes perguntas:

- Como nossa visão contribuirá para o crescimento de cada membro da equipe?
- Como nossa visão vai beneficiar outras pessoas?
- Como podemos buscar a excelência?
- Qual é o nosso papel?
- Como podemos fazer diferença?

Passo 3: Escreva uma declaração de sua visão e de seu propósito

Resuma sua visão e seu propósito a uma declaração positiva e a coloque no papel.

Passo 4: Concentre-se na sua visão

- Faça cópias da declaração e distribua para sua equipe.
- Incentive os membros da equipe a relerem a declaração diariamente.
- Peça-lhes para imaginar o sucesso do grupo durante 10 minutos todos os dias.

Passo 5: Foco total

- Identifique os objetivos que sua equipe precisa alcançar para que sua visão se torne realidade.
- Relacione-os por escrito.
- Identifique os passos necessários para atingir esses objetivos.
- Relacione-os por escrito.
- Faça cópias das duas relações e distribua para a equipe.

Passo 6: Embarque no ônibus

- Identifique quem são as pessoas que precisam embarcar no ônibus para ajudá-lo a implementar os passos e atingir os objetivos e a visão que você e sua equipe estabeleceram.
- Convide-as a subir.

Passo 7: Abasteça seu ônibus com energia positiva e entusiasmo

- Trabalhe diariamente o ânimo de seus colaboradores, evitando que a negatividade se instale.
- Implemente processos e práticas que cultivem a energia positiva.

Passo 8: Cole um cartaz dizendo: "Proibida a entrada de vampiros da energia"

- Identifique quais são os membros de sua equipe que estão atrapalhando o sucesso da viagem com sua negatividade.
- Abra os canais de comunicação. Converse com essas pessoas sobre seu comportamento negativo. Procure saber se elas têm um motivo para agir assim. Determine um plano de ação que conduza ao sucesso tanto delas quanto da equipe. Estimule-as a embarcar em seu ônibus com energia positiva. Dê-lhes uma chance de mudar.
- Caso elas não se corrijam e insistam na negatividade, a única alternativa será retirá-las do ônibus.

Passo 9: Supere os obstáculos e as adversidades

Todas as grandes equipes, inclusive a sua, são testadas e obrigadas a enfrentar dificuldades e desafios ao longo do caminho, mas elas não deixam que pneus furados as impeçam de chegar a seu destino.

Diante de qualquer adversidade, faça as seguintes perguntas:

- O que podemos aprender com este desafio?
- O que este problema está nos ensinando?
- Como podemos crescer a partir desta adversidade?
- Que oportunidades este desafio oferece à nossa equipe?

Cresça a partir das dificuldades e use-as para pavimentar sua estrada rumo ao sucesso.

Passo 10: Ame seus passageiros

Ao longo da viagem, enquanto dirige rumo à sua visão, demonstre aos passageiros e demais motoristas que você se preocupa com eles.

Faça as seguintes perguntas:

- O que posso fazer para demonstrar meu reconhecimento por essas pessoas?
- Como posso aumentar a qualidade do tempo que dedico a elas?
- O que posso fazer para ouvi-las melhor?
- Como posso servir a elas e a seu crescimento?
- Como posso extrair o que elas têm de melhor, valorizar seus pontos fortes e promover seu crescimento?

***Passo 11:* Divirta-se e aproveite a viagem**

- Lembre-se de que toda viagem deve ser divertida.
- Nenhuma jornada precisa ser difícil ou sofrida.
- Pergunte regularmente à sua equipe como vocês podem ter mais sucesso e se divertir enquanto o buscam.
- Pergunte o que pode ser feito para injetar mais alegria no trabalho.
- O objetivo de toda viagem é chegar ao destino com um sorriso no rosto. O importante não é apenas chegar lá, mas a equipe que se forma ao longo do caminho.

Lembre-se: a vida é uma só. O importante é darmos o nosso melhor e aproveitarmos a viagem.

Agradecimentos

Acredito firmemente que ninguém obtém sucesso sozinho. Todo mundo precisa de pessoas positivas e dispostas a lhe dar apoio. Tenho a bênção de poder contar com pessoas realmente extraordinárias em meu ônibus e em minha viagem pela vida.

Em primeiro lugar, devo agradecer à motorista do meu ônibus familiar: Kathryn, minha esposa. Você é o cimento que nos mantém unidos. Seu apoio tem feito toda a diferença. Sem você eu não seria o homem que hoje sou. Também agradeço a meus filhos, Jade e Cole, por me fazerem lembrar do que é mais importante. Todos os dias vocês me incentivam a ser um pai melhor. E a parte do meu dia de que mais gosto é quando os coloco para dormir e conversamos sobre seus sucessos.

Muito obrigado a meus pais pelo apoio e amor incondicionais ao longo da viagem.

Obrigado a meu irmão pelas idéias, sugestões e palavras de incentivo, fundamentais para este livro. Espero que o seu em breve esteja ao lado dos meus nas livrarias. Quero agradecer especialmente a meu avô Eddy, que, aos 89 anos, me inspira a viver mantendo o espírito jovem, me divertindo e aproveitando a viagem.

Obrigado a meu Condutor de Energia Oficial, Daniel Decker. Você não é apenas um parceiro de negócios, mas um grande amigo que me ajudou a crescer como líder e como pessoa. Sou grato por toda energia que você tem injetado em nossa missão. Agradeço a Deus por ter nos colocado juntos no mesmo ônibus.

Obrigado a meus amigos e agentes Arielle Ford e Brian Hilliard. Vocês pavimentaram o caminho para que eu pudesse realizar meu trabalho e abriram os portões para que meu ônibus pudesse passar. Obrigado pela confiança que depositaram em mim.

Obrigado a Kate Lindsay, Shannon Vargo, Matt Holt e toda a fantástica equipe da John Wiley & Sons por compartilharem minha visão e permitirem que ela se tornasse realidade.

Obrigado a todos os outros membros de minha equipe que não só contribuíram com o combustível da viagem como também desceram para empurrar o ônibus sempre que necessário. Meus sinceros agradecimentos a Francis Ablola, pela dedicação e pela criação do site; a Shawn O'Shell, pelo maravilhoso projeto gráfico; a Vince Bagni e Jim Careccia, pela energia constantemente disseminada; a Susan, pelos inúmeros talentos que divide conosco.

Obrigado a todos os clientes que me permitem trabalhar com suas empresas, organizações e equipes. Agradeço todos os dias pela oportunidade de trabalhar com tantas pessoas maravilhosas.

Gostaria de agradecer a Ken Blanchard, Danny Gans, Pat Williams, Dwight Cooper, Fran Charles, Linda Sherrer, Tom Gegax, Mac Anderson e a todas as pessoas que leram este livro e contribuíram em sua produção.

Obrigado a todos os assinantes de minha newsletter semanal e aos leitores dos meus livros, que têm dividido comigo suas histórias de vida, seus sentimentos, dores e triunfos. Sinto-me muito honrado por vocês me permitirem participar de suas vidas e de seu crescimento. Todos nós somos professores e alunos e tenho aprendido muito com vocês.

Sobretudo eu gostaria de agradecer a Deus. Obrigado pelos sinais que me apontam o caminho. Obrigado pela dádiva de Jesus. Vosso santo espírito me iluminou permanentemente enquanto eu escrevia este livro. Sois o motorista supremo deste meu Ônibus da Energia.

CONHEÇA OUTROS TÍTULOS DA EDITORA SEXTANTE

Vá direto ao assunto

Stuart R. Levine

Vivemos reclamando que nunca temos tempo para nada. Colocamos a culpa no ritmo acelerado da vida, mas a verdade é que perder tempo é uma escolha pessoal, fruto da falta de disciplina e de bom senso.

Você pode continuar se queixando ou pode se comprometer a usar melhor o tempo – esse recurso tão valioso –, concentrando-se em suas tarefas, evitando distrações e conversas fiadas e empenhando-se em ser mais eficiente e produtivo no trabalho para ter mais tempo para se divertir com a família e os amigos.

Em *Vá direto ao assunto*, o consultor Stuart R. Levine apresenta 100 regras simples e práticas para desenvolver a objetividade, estabelecer prioridades e abordar as tarefas com clareza, foco e propósito.

As regras da riqueza

Richard Templar

Quantos de nós não sonham em ter dinheiro suficiente para levar uma vida confortável e sem preocupações financeiras? Ainda que o dinheiro não traga felicidade, é evidente que ele nos proporciona benefícios.

Poucos, porém, conhecem o caminho para a prosperidade. Os demais se perguntam: por onde começar? Como as pessoas ficam ricas? Será que elas têm sorte ou sabem algo que eu não sei?

Esse livro revela exatamente isto: os segredos dos indivíduos bem-sucedidos – o que eles fazem para ganhar e conservar muito dinheiro. Em *As regras da riqueza*, você encontrará um precioso conjunto de 100 regras baseadas no comportamento, na forma de pensar, no estilo de vida e no conhecimento financeiro de quem soube conquistar e preservar a riqueza.

Como encantar seus clientes

Bob Miglani

Nesse livro, Bob Miglani, hoje um importante executivo de uma das maiores empresas dos Estados Unidos, revela os princípios de atendimento e vendas que aprendeu atrás do balcão da sorveteria Dairy Queen® de sua família.

Bob aborda os pontos essenciais de um atendimento nota 10, compartilhando técnicas de fácil aplicação para lidar com clientes difíceis, aumentar o valor das vendas, diminuir o estresse, motivar a equipe e fazer com que os fregueses voltem sempre.

Leve e instrutivo, *Como encantar seus clientes* vai ajudar pequenos e grandes empresários, chefes, gerentes e, sobretudo, profissionais da linha de frente a vender mais e conquistar uma clientela fiel.

O Estilo 80/20

Richard Koch

Ao contrário do que o mundo moderno nos leva a crer, podemos aproveitar mais a vida, colocar as pessoas que amamos em primeiro lugar e nos dedicar à realização dos nossos sonhos. Segundo Richard Koch, o segredo para isso está em fazermos menos de modo geral, e não em nos esforçarmos mais.

Ele defende essa idéia com base no Princípio 80/20, segundo o qual um pequeno número de causas cria a maioria dos resultados. Por exemplo, 80% dos alimentos são gerados em 20% da terra e 80% dos negócios têm origem em 20% dos clientes.

Enquanto em *O Princípio 80/20 Koch* deu ênfase à aplicação desse conceito na área empresarial, nesse livro ele mostra como empregá-lo na vida pessoal. Qualquer pessoa pode utilizá-lo para diminuir o esforço e as preocupações e alcançar mais plenitude e felicidade.

1001 maneiras de premiar seus colaboradores

Bob Nelson

Com mais de 1,5 milhão de exemplares vendidos em todo o mundo, *1001 maneiras de premiar seus colaboradores* se tornou uma referência por mostrar que o que motiva uma pessoa a ter um desempenho brilhante não é tanto um aumento de salário nem uma promoção, mas certos gestos inesperados no dia-a-dia que demonstram o real reconhecimento por um trabalho bem-feito.

Se você está em busca de formas originais e altamente eficazes de premiar seus colaboradores por uma excelente atuação, esse livro tem sugestões sob medida para o seu caso, seja qual for o tamanho de sua empresa e do seu orçamento para isso.

1001 maneiras de tomar a iniciativa no trabalho

Bob Nelson

Como todo profissional, você tem diariamente a oportunidade de arregaçar as mangas, usar seus talentos e se destacar por uma atuação brilhante. Quase sempre, isso é apenas uma questão de tomar a iniciativa de entrar em ação antes que o seu supervisor lhe diga o que fazer e como.

Nesse livro, o autor apresenta vários exemplos de pessoas que conseguiram implementar mudanças extraordinárias em suas organizações a partir de idéias simples e foram reconhecidas por isso.

Prático e abrangente, esse livro apresenta exercícios e técnicas de administração, dicas de líderes, pesquisas e estudos de caso para motivar você a seguir nessa promissora direção.

Como a Starbucks salvou minha vida

Michael Gates Gill

Depois de perder tudo, o futuro parecia sombrio para Michael Gates Gill, ex-diretor de criação de uma grande agência de publicidade. Aos 63 anos, porém, ele teve o encontro que mudaria sua vida: Crystal Thompson, 28 anos e negra, gerente de uma loja da Starbucks, lhe ofereceu um emprego na cafeteria. Ele aceitou.

Como a Starbucks salvou minha vida é a história real de um homem que descobriu que a felicidade não está em quanto você ganha ou no cargo que ocupa, mas na capacidade de desenvolver relações verdadeiras e trabalhar com amor.

Café com eficiência

Chuck Martin

Se você sacrifica parte de seu tempo livre tentando colocar as obrigações em dia, mal tem tempo para a sua família e acredita que a felicidade é um sonho distante, está na hora de saborear *Café com eficiência*.

Por meio da história de Bill, Chuck Martin apresenta três ótimos princípios para aumentar a produtividade e mostra como pequenas alterações na rotina podem fazer a diferença.

Você vai aprender a rever suas prioridades, a perceber as necessidades dos outros e a tomar as providências necessárias para recuperar o equilíbrio, a eficiência e a felicidade.

CONHEÇA OS 50 CLÁSSICOS DA EDITORA SEXTANTE

Espiritualidade/Inspiração

Muitas vidas, muitos mestres, de Brian Weiss

Muitas vidas, uma só alma, de Brian Weiss

Jesus, o maior psicólogo que já existiu, de Mark W. Baker

Conversando com os espíritos, de James Van Praagh

A última grande lição, de Mitch Albom

Uma ética para o novo milênio, de Sua Santidade, o Dalai-Lama

A arte da meditação, de Daniel Goleman

O Mestre dos Mestres (Coleção Análise da Inteligência de Cristo), de Augusto Cury

Espiritualidade, um caminho de transformação, de Leonardo Boff

Autobiografia de um iogue, de Paramahansa Yogananda

O Poder do Agora, de Eckhart Tolle

Negócios

O monge e o executivo, de James C. Hunter

Como se tornar um líder servidor, de James C. Hunter

Jesus, o maior líder que já existiu, de Laurie Beth Jones

Faça o que tem de ser feito, de Bob Nelson

Seu balde está cheio?, de Tom Rath e Donald O. Clifton

A hora da verdade, de Jan Carlzon

A Boa Sorte, de Álex Rovira Celma e Fernando Trías de Bes

Você é mais capaz do que pensa, John G. Miller

Seis fundamentos do sucesso profissional, de Stuart R. Levine

Ficção

O Código Da Vinci, de Dan Brown

Ponto de Impacto, de Dan Brown

Anjos e Demônios, de Dan Brown

Fortaleza Digital, de Dan Brown

As cinco pessoas que você encontra no céu, de Mitch Albom

Livros de bolso

Dez leis para ser feliz, de Augusto Cury

Seja líder de si mesmo, de Augusto Cury

Você é insubstituível, de Augusto Cury

Palavras de sabedoria, de Sua Santidade, o Dalai-Lama

A vida é bela, de Dominique Glocheux

Filtro solar, de Mary Schmich

Posso conseguir o que desejo, de Iyanla Vanzant

Quem acredita sempre alcança, de Peter McWilliams

Auto-ajuda

O método fácil de parar de fumar, de Allen Carr

Por que os homens fazem sexo e as mulheres fazem amor?, de Allan e Barbara Pease

Desvendando os segredos da linguagem corporal, de Allan e Barbara Pease

Por que os homens mentem e as mulheres choram?, de Allan e Barbara Pease

O poder que vem do seu nome, de Aparecida Liberato e Beto Junqueyra

Nunca desista de seus sonhos, de Augusto Cury

Pais brilhantes, professores fascinantes, de Augusto Cury

100 segredos dos bons relacionamentos, de David Niven

Não leve a vida tão a sério, de Hugh Prather

Mantenha o seu cérebro vivo, de Laurence Katz e Manning Rubin

100 segredos das pessoas felizes, de David Niven

Enquanto o amor não vem, de Iyanla Vanzant

A Dieta do Abdômen, de David Zinczenko e Ted Spiker

A Dieta de South Beach, de Arthur Agatston

O poder da paciência, de M. J. Ryan

Referência

1.000 lugares para conhecer antes de morrer, de Patricia Schultz

O ócio criativo, de Domenico De Masi

INFORMAÇÕES SOBRE OS
PRÓXIMOS LANÇAMENTOS

Para receber informações sobre os lançamentos da EDITORA SEXTANTE, basta cadastrar-se diretamente no site www.sextante.com.br

Para saber mais sobre nossos títulos e autores, e enviar seus comentários sobre este livro, visite o nosso site www.sextante.com.br ou mande um e-mail para atendimento@esextante.com.br.

EDITORA SEXTANTE
Rua Voluntários da Pátria, 45 / 1.404 – Botafogo
Rio de Janeiro – RJ – 22270-000 – Brasil
Telefone (21) 2286-9944 – Fax (21) 2286-9244
E-mail: atendimento@esextante.com.br